锦绣琼黎
黎族非遗文创产品设计研究

何章强 著

中国海洋大学出版社
CHINA OCEAN UNIVERSITY PRESS
·青岛·

图书在版编目（CIP）数据

　　锦绣琼黎：黎族非遗文创产品设计研究 / 何章强著
. —青岛：中国海洋大学出版社，2022.12
　　ISBN 978-7-5670-3383-2

　　Ⅰ.①锦… Ⅱ.①何… Ⅲ.①黎族—织锦缎—民间
工艺—文化产品—产品设计—研究—海南 Ⅳ.①J523.1
②G127.66

　　中国版本图书馆 CIP 数字核字（2022）第 243878 号

JINXIU QIONG LI —— LIZU FEIYI WENCHUANG CHANPIN SHEJI YANJIU

锦绣琼黎 —— 黎族非遗文创产品设计研究

出版发行	中国海洋大学出版社
社　　址	青岛市香港东路 23 号
邮政编码	266071
出 版 人	刘文菁
网　　址	http://pub.ouc.edu.cn
电子信箱	1922305382@qq.com
订购电话	0532-82032573 （传真）
责任编辑	曾科文　陈　琦　　　　　　电　话　0898-31563611
印　　制	北京虎彩文化传播有限公司
版　　次	2022 年 12 月第 1 版
印　　次	2022 年 12 月第 1 次印刷
成品尺寸	170 mm × 240 mm
印　　张	13
字　　数	169 千
印　　数	1—1000
定　　价	88.00 元

如发现印装质量问题，请致电 010-84720900 调换。

本著作受以下课题项目资助

海南省教育厅重点课题资助项目（Hnky2019ZD-38）

海南省哲学社会科学规划课题项目 (HNSKZC22-224)

海口经济学院南海美术学院省级特色重点学科资助项目

前 言

我国少数民族非物质文化遗产（简称"非遗"）项目数约占非遗总项目数的 1/3。少数民族非遗文化项目保护既具有非遗保护的普遍共性，又带有民族特性。非遗文化象征着一个民族的特征，之所以能在历史长河中延续至今，一定有它的独特之处。少数民族地区非物质文化遗产项目的侧重点往往在于其独特的生产生活方式，可以突显民族个性。从非物质文化遗产的角度研究少数民族地区的文化创意产品，既是满足民族传统文化的传承和保护需求，同时也是时代与社会赋予的使命任务。通过文创产品设计与开发，一方面可以为创意产品赋予深厚的历史底蕴，发扬文化魅力，展现民族文化自信，另一方面整合文化资源，促进文旅融合，发展旅游经济，助力少数民族地区乡村振兴。

学界对于非遗文化传承提出的方式主要为利用、转化和创造。期待传统非遗采用全新形式与形态重新融入人民群众生产、生活的环境中，进行活态传承与发展，以此改变过去流于表面的静态传承。活态传承下黎族文创产品的开发涉及政府、企业、高校、文创机构、传承人等主体，须引导多方社会力量协同发展，提出各方具体的发展思路和建议措施，有针对性地制定策略加以实施。

本书主要分为 8 个部分：绪论主要是对选题的研究背景、目的、意义、研究内容、研究方法等进行阐述；第一章是文献综述，

通过研究文本和研究概念两大方向概述与文化创意产品设计相关的理论研究现状；第二章对非物质文化遗产与文化创意产品的关系、黎族非遗文创产品的现状与未来进行阐述；第三章是对黎锦的场域、技艺以及图案艺术进行描述；第四章对黎锦的历史与发展过程进行阐述，并梳理出黎锦非物质文化遗产的价值与扶持政策；第五章对黎锦文创产品进行调研分析，并以黎锦为载体进行文化创意产品设计；第六章提出黎锦文创产品活态传承的原则和开发路径，阐述了黎锦非遗文创产品的可持续发展理论；第七章介绍非遗文创产品在乡村振兴与文旅融合发展中的作用，并提出了黎族非遗文创产品的开发策略。

通过本研究，从黎族非遗视域对海南文创产品开发现状进行分析，提出深挖黎族非遗文化资源、"分类分层"开发的思路，实施全面开发，打造"文创＋"产业融合发展模式，为当下海南黎族非遗保护以及非遗旅游文创产品的研发与创新提供一定的参考。因此，有利于丰富和完善海南非遗保护与开发的路径，并以此利用文化创意产品开发推进文化旅游融合，助力民族地区乡村振兴和经济文化发展。由于本人水平与时间所限，书中难免会出现不妥之处，还望读者批评指正。

何章强

2022 年 10 月 30 日

目 录

绪 论

一、研究背景

    黎族是中国海南岛的世居民族，是海南省特有少数民族。相传早在 3000 多年前的商周时期，黎族先民就已经定居海南，成为海南岛最早的开拓者。海南黎族以拥有多项活态传承至今的古老手工技艺而闻名。海南黎族非物质文化遗产是黎族人民在长期社会历史实践中的智慧结晶，具有十分鲜明的民族文化特色，层次丰富、类型众多，是海南文化的重要表现形式。截至 2021 年 12 月，海南拥有世界级非遗项目 1 项，国家级非遗代表性项目 32 项，省级非遗代表性项目 82 项，市县级非遗代表性项目 350 余项。这其中，黎族传统纺染织绣技艺（简称"黎锦技艺"）入选联合国教科文组织"急需保护"的非物质文化遗产名录，黎族国家级非遗代表性项目有 14 项，黎族省级非遗代表性项目有 28 项，黎族省级以上非遗项目数比例达到全省的 34.1%（表 1-1）[①]。这些非遗项目涉及传统音乐舞蹈、传统戏剧、传统美术、传统技艺、民俗等类别，千百年来一直服务于黎族人民的衣食住行乃至精神活动需求，是黎族人在现代社会快速发展进程中依然还保留着的古老而珍贵的文化遗产，同时也是当代人了解海南黎族历史与文化的一扇窗户[②]。

---

①赵优."旅游＋非遗"海南更有味[N].海南日报，2019-07-24（12）.
②张红梅.海南黎族传统手工艺文化[M].海口：南方出版社，2020：5.

表1–1 海南省级以上黎族非遗项目类别区分

项目类别	项目名称	项目数
民间文学	黎族民间故事	1
传统音乐	黎族民歌、黎族竹木器乐、黎族赛方言长调	3
传统舞蹈	黎族打柴舞、黎族钱铃双刀舞、黎族舂米舞、黎族共同舞、黎族面具舞、黎族老古舞	6
传统体育、游艺与杂技	黎族传统体育和游艺	1
传统美术	黎族传统剪纸艺术	1
传统技艺	黎族传统纺染织绣技艺、黎族树皮布制作技艺、黎族骨器制作技艺、黎族原始制陶技艺、黎族钻木取火技艺、黎锦纺染织绣工具制作技艺、黎族船型屋营造技艺、黎族藤竹编技艺、黎族独木器具制作技艺、黎族干栏建筑技艺、黎族"酉井"（biang，黎语发音）酒酿造技艺	11
民俗	海南黎族"三月三"节、黎族服饰、黎族传统婚礼、黎族渡水腰舟习俗	4
传统医药	黎族医药	1

　　经过 10 多年的政策与资金扶持、传承和保护，海南黎族大部分非遗传统技艺已逐渐摆脱了濒危状况。接下来的任务是将黎族非遗由传统手工艺品通过现代技术加工和创新开发，逐步发展成为适合现代生活、大众喜爱的文化创意产品，从而利用可持续开发有效实现非物质文化遗产的传承、发展和可持续性保护。

　　在新的历史时期下，受全球经济形势下行和新冠疫情叠加因素影响，黎族非遗文创产品市场乃至海南文化创意产业都将面临出口贸易放缓、投资缩减、购买力下降、企业经营困境等外部环境压力。从可持续发展的角度来看，我们需要利用好这一时间窗口，立足自身，梳理海南黎族非遗文创产品开发的症结所在，多角度、跨学科去进行反思与修正。同时，坚定民族自信和文化自信，不断与时俱进，通过融合创新找准未来海南黎族文创产品开发的出路。

二、研究内容

　　黎族是海南岛上最原始的居民，拥有本民族自身独特和丰富的非遗文化。这些深厚的非物质文化遗产项目，反映了黎族人的生活方式和生存智慧，也亟须有效的开发利用。目前，在海南旅游文创产品市场中，黎族非遗文化题材相关的品种类型少，设计手法单一，缺乏创新和设计感。探索黎族传统非遗与文创产品的结合能够丰富海南旅游商品的种类，促进海南旅游经济发展，使黎族非遗文化在设计语境中获得传承与发展。以黎锦为例进行文化创意产品设计研究，提出海南黎族非遗文创产品的可持续开发的理论及开发策略，有利于将海南黎族打造成为海南独具特色的文化名片，提高海南黎族非物质文化遗产的知名度，促进海南文化创意产业发展，并将对非遗本身进行"反哺"。

三、研究目标

　　以文化创意产品为载体来表现独特的黎锦非遗文化，能使后人更进一步地加深对黎族非物质文化遗产的理解，从而起到保护和传承黎族非遗文化的目的。

　　以海南黎锦非物质文化遗产为例，深入论证如何将非物质文化遗产与文化创意产品相结合，为海南黎族非遗文化创意产品设计与研发提供参考。

　　将黎锦非遗的文化概念进行物化的产品研发，提出以人为本、可持续开发和生产的思路，使研发产品不仅仅是以黎锦制作技艺形成的手工工艺品，还包括黎锦非遗相关的文化空间、生活用品，提升文创产品的功能性和实用价值。

　　积极探索黎族各类非遗元素在文创产品中的表现方式、创新设计和开发策略，使旅游消费者能获得独具特色的当地文化旅游商品，从文化走向商业，从而促进海南当地旅游商品经济的发展。

四、研究意义

2017 年 3 月 12 日，文化部（今文化和旅游部）、工业和信息化部、财政部联合推出《中国传统工艺振兴计划》，目的是处理好传统工艺中继承和发展的关系，做好创造性转化和创新性发展，也包括文化创意产品设计。海南黎族拥有多项活态传承的手工技艺类非遗，黎族非遗传统手工艺已从多数人掌握的大众技能变成了少数人掌握的精英技能，从为本土民众的生产生活服务转向了为异地人群的旅游需求服务。

目前，对于海南黎族非遗与文化创意设计相结合进行的研究较少，研究的深度与广度仍显不足，特别是对黎锦文化创意产品设计与开发的研究仍然处于初探阶段。在海南黎族非遗文化的研究成果中很少有通过创意设计将非遗文化转化为商品的研究，还未形成可以支持海南文化创意产业发展的系统理论体系。从总体来讲，海南黎族非遗文创产品的开发不但包含了历史和文化方面的价值，对于社会经济发展、人际伦理关系、人与自然关系等方面也都有不同程度的促进作用。因此，本课题具有较高的研究价值和应用价值，它对海南本地区旅游商品的转型升级乃至推动整个海南旅游经济发展都具有重大的意义。

（一）利于文化的多样性

文化的多样性是人类文化特性的一个重要方面，也是非物质文化遗产文化价值的一个重要内容。留存千姿百态、多种多样的各民族文化，可以共同为人类文化的百花齐放增光添彩，丰富充实人类文化的多样性。同时，非物质文化遗产又在不同民族的交往过程中不断地碰撞、渗透、交叉、融合，形成了文化的特异性与适应性，展现出文化和而不同、并存共生的局面。因此，非物质文化遗产在维系、保存、促进文化的多样性方面，具有不可或缺的作用。

联合国教科文组织在《世界文化多样性宣言》中指出:"文化在不同的时代和不同的地方具有各种不同的表现形式。这种多样性的具体表现是构成人类的各群体和各社会的特性所具有的独特性和多样化,文化多样性是交流、革新和创作的源泉,对人类来讲就像生物多样性对维持生物平衡那样必不可少。"从这个意义上讲,文化多样性是人类的共同财产。

(二)利于非物质文化遗产的传承及保护

海南黎族非遗项目众多,特别是黎族传统文化和手工技艺都是文化创意产品设计的天然素材,将黎族文化和黎族元素融入文创产品的设计与开发中能更好地促进其传承及保护。将黎族非遗打造成知名度高和美誉度好的产品,有助于产生品牌营销效应,吸引更多的人关注海南黎族非物质文化遗产。

黎族传统文化是黎族文化核心之一,是人类社会发展史上的珍贵技艺之一,是世界非物质文化遗产的重要组成部分。因此,保护和传承黎族非遗传统技艺及其文化是在维护人类文化多样性,对促进黎族民族延续,维护人类社会可持续、健康、稳定发展,以及相互尊重、相互了解、相互协作等具有重要意义。

(三)利于黎族文化的传播

来琼旅游的消费者购买以黎族非遗为题材创作的文创产品,可以逐步加深对海南本土黎族文化的认识。在参观黎族风情景区的过程中,很多游客可能会忽略对文化的理解。文创产品是在不断了解和挖掘本土地域文化的基础上进行的二次设计和开发,一方面可以增加旅游购物的商品类型;另一方面可以让游客在参观旅游景点的同时,加深对黎族文化的了解。文创产品是文化的衍生物,游客对文创产品的解读又赋予了文化新的意义,有利于文化的传播。

（四）利于本土旅游经济发展

文化创意产业是一项绿色的可持续发展产业，文创产品的设计也可以在一定程度上促进旅游经济增长。文创产品既是文化衍生品，同时也是通过创意开发的旅游商品，具有一定的经济价值。游客购买文创产品，既可以了解当地文化，也促进了黎族人民经济收入的增加。通过文化创意产品的不断升级完善，可以创造更大的社会价值与经济效益。

五、研究范围

（一）研究海南传统非遗项目及黎锦的生产和保护现状

（1）文献资源包括文献和相关研究资料。研究的学术资源范围主要涉及黎族传统面料的保护与传承、非物质文化遗产理论、文化创意产品设计、可持续发展理论等内容。文献来源为公开出版发行的学术专著、期刊论文、硕博研究论文、报纸新闻报道、网络文章等类型的资料。

（2）研究对象为海南黎族传统非物质文化遗产传承人。

（3）调查研究的地点有海南省政府非遗保护组织，如海南省非物质文化遗产保护中心；各市县非遗传习所和传习馆，如白沙黎族自治县传习馆、五指山市黎族传统纺染织绣技艺传习所；各市县的黎锦农村合作社，如五指山市传艺织娘黎锦专业合作社、东方市大田美孚黎锦农民专业合作社、白沙黎族自治县灿然黎锦手工艺专业合作社。

（二）获得黎族非遗文创产品市场数据和产品研发的动态

（1）获取数据源，如黎族非遗文创产品的相关购买行为和消费数据。

（2）消费者调查。通过问卷和访问的形式，获得信息。

（3）文创产品销售和满意度数据收集。收集对象为黎族非遗文创及相关商品的生产企业；商店老板、销售人员；海南省博物馆与海口市骑楼老街的游客。

（三）研究黎族非遗文创产品研发和设计问题

（1）非遗文创产品研发与设计的相关文献资料。

（2）文创产品设计方面专家、高校研究人员与设计师。

（3）海南非遗文创产品生产公司、设计机构、企业负责人及产品设计研发人员。

（4）研究地点为中国海南省。

（四）研究的预期收益

（1）能够了解黎族非物质文化遗产的历史和文化。

（2）能够收集和分析产品研究理论。针对当前存在的问题，在黎族非遗的文化艺术中提出建设性的应用方法、保护与可持续开发相关的概念。

（3）能够分析数据得出结论并将其作为创意产品设计的指导方针。通过国内外相似文创产品的开发设计经验，研发出具有实用功能和生活化的新产品。

（4）能够设计创意产品，带动海南旅游，带动旅游商品经济增长。通过研究、开发旅游和文化相关产品，产生经济效益。

（5）能够传承和传播文化，能够将知识传递给目标群体。

六、研究方法

研究方法指的是在研究过程中所主要采取和使用的方法与手段，一般说来研究框架中的研究方法应该是该研究的主要研究方

法而不是辅助性的研究方法①。为了对目前海南黎锦及相关文化创意产品的现状及问题进行深入研究，本研究总体上采用理论与实践相结合的方式，因此在研究过程中拟采用定量与定性相结合的研究方法。具体的研究方法包括文献研究、问卷调查、深度访谈、实地观察、设计实践等。此外，本研究的特定内容还决定着其在研究过程中会采取一些特殊的研究方法。

（一）研究内容与方法

本研究主要采用定性研究。定性研究是以研究者本人作为研究工具，在自然情境下采用多种资料收集方法对社会现象进行整体性研究②。定性研究具有描述性、归纳性、主观性的特点。描述性主要体现在前期研究资料的收集过程中，本研究以文创产品观察、传承人与专家访谈（交谈记录、照片、录音）、产品实物分析等形式进行定性研究。归纳性表现为在研究中将对其他学者的观点、文献及相关研究资料进行归纳总结，并进行研究评述。主观性特点体现在定性分析的主体是研究者本人，在本研究中需要凭借自身的知识积累和经验来对目前海南黎族非遗，特别是黎锦的保护现状、存在的问题、设计动机等内容进行深入分析，并提出解决问题的方案。本研究通过问卷调查表、市场调研所得到的黎族非遗文化创意产品的销量与价格数据，以及近几年来政府在黎锦保护方面的投入资金数额等数据信息，均为真实、客观，且经过概括与分析后可以直接作为文中定性研究的依据。

第一，研究查找黎族非遗项目的资料，分类得出结论，并从相关文献中研究分析中外概念。

（1）收集总结相关研究。

---

①李成.论文化生态对思想政治教育的影响[D].上海：华东师范大学，2020.
②付智慧.教师成为体验研究者的内容与方法研究[D].长沙：湖南师范大学，2008.

（2）设计理论分析。

第二，分析研究全海南省黎族面料的纺、染、织、绣技艺，以及服装、文具、家居用品等相关产品。

（1）研究并结合先前研究的数据得出结论。

（2）对比分析。

（3）观察。

第三，采访黎族传统纺、染、织、绣几大技艺方面的非遗传承人，注意现实生活中的问题。对生产相关产品的企业、设计师进行实地调查，包括本地调查以及实际现场的相关研究机构。

（1）访谈。

（2）观察。

（3）调查报告分析。

第四，提取黎锦面料元素和鲜明特征，进行产品设计和研发。

（二）抽样设计

抽样调查（sample survey）是指从研究对象的全部单位中抽取一部分单位进行考察和分析，并用这部分单位的数量特征去推断总体的数量特征的一种调查方法。抽样设计为实施抽样调查提供指导，从而完成抽样调查的目的和任务[①]。基于之前的研究问题和研究目标，确定出以下的采样目标人群和数量等内容。

1. 目标人群

本研究的目标人群分别为 3 组参与者。

第一组包括参与黎族非遗文化创意产品调查问卷的本地和外地游客，包含网上参与问卷问答的目标人群。

---

①刘勇. 渔业资源评估抽样调查方法的理论探讨与研究 [D]. 上海: 华东师范大学, 2012.

第二组为在实地调研中进行访问的黎族非物质文化遗产传承人、地方政府非遗保护中心与文化馆的负责人。

第三组为进行深度访谈的黎锦合作社的企业负责人和销售人员、文创公司设计师、高校研究人员。

2. 采样技术

本研究中采用的采样技术主要为非概率抽样的方法，包括方便采样（convenience sampling）和判断采样（judgment sampling）两种。方便采样方法主要用于街头或旅游景点旅客的问卷调查。这种采样方式具有偶遇性特征，即研究者将在某一时间和环境中所遇到的每一总体单位均作为样本成员[①]。判断采样方法又称为主观采样法或者目标采样法，其特点是调查者根据研究的目标和自己主观的分析，来选择和确定样本。在进行第二组和第三组目标人群的访谈时，本研究会根据实际和主观判断来选择采访人群，以此来节约调研和采样成本，提高工作效率。

3. 采样数量

（1）次要数据。

本研究的次要数据是为了丰富研究的内容，提升研究的深度和广度，并为研究结论提供数据支撑。次要数据主要为参考文献和访谈者提供的二次数据。二次数据的收集更为快捷，也相对容易获得。本研究的次要数据主要为海南文化创意产业经济数据、黎锦保护中的政府扶持资金、企业的生产与销售数据等信息。

（2）原始数据。

原始数据是指原始的研究数据，通常为研究人员直接收集的一手信息，不经过任何分析和处理。在本研究中，所涉及的原始

---

①沙玉珍. 校园媒介与大学文化认同的相关分析：以山东大学为例 [D]. 济南：山东大学，2014.

数据主要包括黎锦及相关文化创意产品的销量与价格数据、目标人群在问卷调查中填写的选项所产生的原始数据，以及在访谈和实地观察过程中所收集的主要数据。

（三）问卷设计

问卷调查是指通过设计详细周密的问卷，要求被调查者据此进行回答以收集资料的方法。本研究针对本地民众和外地游客设计了两份调查问卷，第一份问卷的内容主要围绕海南旅游文化创意产品展开，包括购物和消费等相关的问题设计，总共提出了 13 个问题；第二份问卷主要围绕海南黎锦文化展开，共设计了 14 个问题。两份问卷侧重点各不相同，但得到的消费者需求等数据结果将在后期对本研究的文化创意设计产生影响。两份问卷的总结如下，问卷具体内容见附录。

问卷一：关于海南旅游文创产品的调查问卷。

此问卷共设计了 13 个问题，可以概括为 3 个部分。

第一部分：受访者基本信息。主要询问受访者的基本情况，例如年龄、职业。

第二部分：旅游文化创意产品市场情况。主要涉及旅游文化创意产品的购买动机、价格和购买偏好等问题。

第三部分：影响海南旅游文化创意产品开发的因素。这一部分问卷内容包括海南旅游文化创意产品开发的不足、设计类型等方面。

问卷二：关于海南黎锦产品的调查问卷。

此问卷共设计了 14 个问题，可以概括为 3 个部分。

第一部分：一般信息。主要询问受访者的基本情况，例如民族、身份。

第二部分：影响黎锦产品开发的因素。主要涉及黎锦产品的销售、风格类型和设计内容等问题。

第三部分：对黎锦传承与发展的看法。问卷的最后几个问题主要围绕黎锦的传承与发展来提问。

（四）深度访谈

在此前的目标人群设定中，第一组主要运用问卷法进行调查；而第二组和第三组属于特定目标群体，将通过深度访谈法来获得有关黎锦的保护现状与传承信息以及黎锦文化创意产品的开发现状等内容。因此，本研究在后面两组里从黎锦非物质文化遗产传承人、地方政府非遗保护中心与文化馆的负责人，以及黎锦合作社的企业负责人和销售人员、文创公司设计师、高校研究人员中选出10多位特定的目标人员，进行深度访谈，并做了详细的访谈记录。

（五）实地观察

实地观察运用的是现场观察法，指的是到指定的地方做现场观察研究。观察法是调查研究中十分重要的一种方法。本研究在调研期间，不仅在海口市区进行考察，还深入海南中部和南部的各个黎族自治县、集聚地进行农村实地观察。因为包括黎锦在内的很多非物质文化遗产技艺都出自各大市县里的合作社或传承人自己家中，所以研究人员需要观察黎锦、黎陶等制作环境、非遗文创产品的制作过程及销售环境、游客的购买习惯、文化创意产品的种类和特征等。实地观察包括摄影记录、文字记录、购买样品等工作方式。

（六）数据分析

数据分析是指用适当的统计分析方法对收集来的大量数据进行分析，将这些信息加以汇总和理解并消化，以求最大化地开发数据的功能，发挥数据的作用。它是为了提取有用信息和形成结

论而对数据加以详细研究和概括总结的过程①。本研究通过参考文献、问卷调查及访谈得到的各种原始数据和二次数据都要经过综合分析加以利用，主要使用的分析形式有以下2种类型：

1. 定性数据分析

定性数据分析又称为"定性资料分析"或者"定性研究"，是指对诸如词语、照片、观察结果之类的非数值型数据（或者说资料）的分析方法②。本研究中所涉及的定量数据较少，因此以定性数据分析为主。

2. 描述性分析

描述性分析用于分析收集的数据。它是社会调查统计分析的第一个步骤，对调查所得的大量数据资料进行初步的整理和归纳，以找出这些资料的内在规律。主要借助各种数据所表示的统计量，如均数、百分比，进行单因素分析。在调查问卷得到数据参数后，我们将结果数据通过百分百或统计数量的方式体现出来，再结合专业知识进行描述性分析，以此来寻找黎锦文化活态传承的路径或者黎锦文化创意产品的研发策略。

七、关键词

（一）非物质文化遗产

根据联合国教科文组织的《保护非物质文化遗产公约》定义，非物质文化遗产（intangible cultural heritage）指被各群体、团体，有时为个人所视为其文化遗产的各种实践、表演、

①李祥歌，王奇奇，郭轶傅. 基于大数据时代的数据挖掘及分析 [J]. 电子制作，2015（3）：81.
②林杰. 基于 Web 的教学科研信息系统的设计与实现 [D]. 上海：复旦大学，2012.

表现形式、知识体系和技能及有关的工具、实物、工艺品和文化场所。

（二）黎锦

作为非物质文化遗产传统手工技艺的黎族传统纺染织绣技艺，是海南黎族人民在长期的生产实践活动中创造且熟练运用，并传承至今的传统纺织工艺技术，包括纺、染、织、绣4个主要工艺程序。黎族人民几千年来一直使用的黎锦便是这一技艺的产品，黎锦被普遍认为是中国棉纺织史上的"活化石"。

（三）文化创意产品设计

文化创意产品从属于文化创意产业的范畴，是将文化资源以创意的形式展现出来的现代设计产品，也是将精神层面的概念进行物化之后形成的产品。这需要设计师在有形与无形的文化中寻找其包含的文化概念，通过策划设计形成方案，再将其转化为当代生活中具有创意和实用价值的产品。

（四）文化生态

文化生态的概念来源于文化生态学，目前没有标准的定义。通常是指文化的生存环境与生存样态。文化生态研究的主要内容包括文化与环境的交互关系，文化群落和环境的组成、结构、分布以及发育变化的情况。其中心概念是文化生态系统，即在特定的文化地理环境内一切交互作用的文化体系及其环境组成的功能整体。

（五）可持续发展

联合国世界环境与发展委员会对可持续发展（sustainable development）的定义是：既满足当代人的需求，又不对后代人满足其需求的能力构成危害的发展。

第一章
文献综述

　　本章通过研究文本和研究概念 2 个部分概述与文化创意产品设计相关的理论研究现状。在研究文本的文献综述中，从黎族和黎锦的描述开始，然后是文化创意产品设计，这其中还包括文化创意产业的概述。之后在研究概念的文献概述中，主要围绕文化生态、非物质文化遗产、活态传承、可持续性 4 个内容进行理论研究。本研究将利用文化生态和非物质文化遗产 2 个概念来分析黎族文创研究的意义与价值；并通过活态传承与可持续性 2 个主要概念来研究黎锦文化的保护方法及发展目标。

第一节 研究文本的文献综述

一、黎族

（一）黎族起源

　　关于黎族的起源问题，学术界存在多种观点。20 世纪 30 年代后，民族学、人类学、历史学在我国兴起，一批国内外学者表现出对黎族起源和历史的浓厚兴趣，他们通过不同的研究方法和途径得出了黎族族源的不同的立场。其中，第一种观点为"南来说"，就是在当时提出的。"南来说"认为海南岛黎族来源于南洋群岛（即马来群岛）的印度尼西亚古代马来族。20 世纪 30 年代，中山大学教授西雅博士与上海同济大学的德国教授史图博在分别进行了体测数据和实地调查研究后，都一致提出"南来说"的观点。我国学者刘咸与岑家梧也同样支持这观点。1934 年，时任中国科学社图书馆馆长的刘咸教授与中国科学社生物研究所的同事深入海南黎族地区，观测调查黎族人的体质，通过体测数据和材料分析比对后得出这一结论。刘咸在《海南黎族起源之初步探讨》一文中指出，黎族的一部分即哈黎和润黎来自南洋群岛，他们与生活于那一带的马来人有血统关系[①]。岑家梧先生发表了一篇名为《海南岛黎人来源略考》的文章，在文章中他提到史前时代的"海南岛黎人，确属南方系统之民族，其迁来岛上，不由亚洲北部大陆，而由亚洲南部诸海岛"[②]。

第二种观点为"北来说"，也称为"大陆说"。中国人类学家林惠祥在其《中国民族史·百越系》著作中写道："黎人之来路，有北方大陆和南洋两条。南洋远而大陆近，古代之黎人似以由大陆一路为是……黎族种属及起源之问题，与古越族极有关系。"[③]中山大学罗香林教授随后从历史学角度，同样得出黎族与古越族中的骆越有关的结论。罗香林在 1939 年发表的《海南岛黎人源出越族考》中指出："骆越原先居住在今越南、（中国）广西及广东高雷道（今广东省湛江市、茂名市）一带，自殷周以至春秋战国始向南，渡过琼州海峡进入海南岛。至于黎族与东南亚一带的马来人体征及文化有相似之处，那是中土民族远古海外移植的结果。"[④]林惠祥与罗香林所提出的"北来说"观点，在后来得到了国内许多学者的认同，并成为黎族起源学说研究的主流观点。随

①刘咸.海南黎族起源之初步探讨 [J].西南研究,1940（1）:1.
②岑家梧.海南岛黎人来源考略 [J].边事研究,1940,10(6):35—37.
③林惠祥.中国文化史丛书:中国民族史:上册 [M].北京:商务印书馆,1937:128.
④罗香林.海南岛黎人源出越族考 [J].青年创刊号,1939,36.

后的几十年，研究人员根据历史文献记载、语言学、民族学及考古学等资料对这一观点加以论证，进一步证实了海南黎族与来自中国南方古代百越地区的骆越关系极为密切。

除以上 2 种主要观点外，还存在"本地进化说""两源说""多源说"等观点。这些观点兼有通过古地理变迁与人类发展规律逻辑所作出的论断，其特点都涉及古代南方不同族群经过历史性融合发展的过程。

（二）黎族分支

根据语言、文化特征的差异以及所处地理环境的不同，可以将黎族分为哈、杞、润、赛、美孚 5 种方言区，每个方言区还根据土语细分为小的支系。例如哈方言区又分为"罗活""抱怀""哈应"3 个土语分支；润方言区内部主要有"白沙""元门"2 个土语分支。尽管黎族内部的语言、习俗、服饰等方面存在着某些差异，但黎族作为一个民族共同体，在众多习俗、文化和宗教信仰上都体现出相应的统一性，也成为海南岛现有 30 多个民族中人数最多的少数民族（图 1-1）。

图 1-1 聚集在槟榔谷的黎族五大方言区的黎族人　胡亚玲摄影

（三）现代社会中的黎族

新中国成立以后，黎族地区的社会面貌发生了翻天覆地的变化，交通、通信、教育得到根本改变。黎族人民一改以往刀耕火种的落后生产方式，因地制宜地发展热带水果和反季节农作物，并在食品加工、冶金、制糖、制盐、橡胶等20多个行业取得长足的发展。目前，旅游业逐渐成为黎族地区的支柱产业，黎族文化旅游经济效益突显。

在实地调查研究过程中，我们一方面看到有些非物质文化遗产在政府和传承人的努力下得到了应有的保护，同时我们也发现黎族文化正在受到汉族文化与全球大众文化的影响，黎族独特的传统文化及丰富多彩的民俗风情正在被逐渐边缘化，甚至已经被外来文化所取代。例如，各大方言区的黎族人平时都穿现代服饰，只有在重大节日里身穿黎族服饰；黎族的传统婚姻习俗持续受汉族文化的影响；黎族妇女的文身习俗作为黎族母系氏族社会的遗存已相传几千年，直到20世纪中叶，这一传统彻底从黎族社会中消失；今天的黎族人已经不再居住干栏式船型房屋（图1-2）。

图1-2　黎族干栏式船型房屋

黎族传统文化在现代文化面前既显得弱势又显得落后。这就让我们不得不思考落后的文化在现代社会发展进程中是不是都应该被淘汰掉的问题。在全球经济发展的大背景下，民族与民族、

文化与文化之间的联系越来越紧密，文化的多样性和多元性发展成为常态。从多样与多元的角度出发，保护与传承黎族传统文化不在于阻挡或排斥现代化和全球化的双重效应，而是要反思黎族的文化特征、精神传统应如何体现和保持，必须处理好传承基本内核与发展优化方向的关系[①]。特别是在当今信息化时代，网络技术与智能手机的便捷使用一定会加速不同文化之间的融合，全球不同地域的少数民族文化都将受到不同程度的影响。但笔者认为这也是一把双刃剑，我们可以通过深入挖掘和研究黎族文化，并利用好今天的数字化信息技术和网络媒体工具去广泛地推广那些需要保护和传承的文化。一方面唤起黎族人民自身的文化认同和文化自信，另一方面利用好当下的黎族文化，进一步建设发展新时代的黎族文化。

二、黎锦

黎族纺染织绣技艺是海南地区的黎族妇女利用棉、麻等天然纤维制作衣物和其他生活用品所使用的传统手工技艺（图 1-3、图 1-4），具有重要的历史、科学和艺术价值[②]。黎锦之于中国纺织文化发展进程之历史地位，犹如中国丝绸之于世界文化发展进程之历史地位[③]。海南黎锦自出现以来，经久不衰，延续迄今。1980 年至 1982 年，广州美术学院金景山教授受当时属于广东省的海南黎族苗族自治州的邀请，到海南岛五指山搜集研究黎族传统的纺染织绣工艺实物，走访了上百个村寨，搜集挖掘到一大批

①胡孟雅.海南黎族民俗的考察与研究 [EB/OL]. （2021-07-22）. https://baijiahao.baidu.com/s?id=17059911119852932427&wfr=spider&for=pc.

②海南省物质文化遗产保护中心.黎族传统纺染织绣技艺保护与传承国际学术研讨会论文集 [M]// 陈佩.建立科学的保障机制是黎锦技艺保护的基本保证.海口：南方出版社，2014:26.

③陈江.海南文物基础鉴定系列：黎锦 [M].北京：科学出版社，2016:3.

图1-3 黎族腰织机纺织技艺(哈方言区)

图1-4 黎族传统纺染织绣技艺(美孚方言区)

黎族服饰和龙被等实物资料。1982年，金景山编著的《广东黎族染织刺绣》①出版，这是在海南建省以前较早对海南黎锦进行田野调查后所公开的研究成果。对黎锦的保护性研究在2006年后逐渐增多，但研究方向、研究层次和研究成果有限，特别是在黎锦与旅游产业、黎锦与文化创意产业对接以及黎锦商业化开发与保护等相关方面研究有所缺失。

　　黎锦是以棉线为主要原料，兼以麻线和丝线等为辅助原料，用原始的人工织机织成的纺织品，具体包括纺、染、织、绣四大工艺流程②。黎锦棉纺技术和棉纺织工艺品，已达到很高水平。刘超强、达瑟编著的《黎锦织造工艺》③全面总结和记录了黎族织锦编织工艺的编织过程，是较早对黎锦进行工艺原理、编排技术和织造工艺流程理论研究的文献。王晨、林开耀所著的《黎锦》④主要介绍了黎锦的历史、黎锦的传统生产技术与制作工艺，提出通过黎锦产品的开发与创新实施黎锦技艺的传承，加快培养现代黎锦技艺传承人。海南保亭黎族苗族自治县民族博物馆馆长陈玉林的《五彩霓裳 织锦瑰宝 —— 海南黎族传统服饰精品图录》⑤主要展现了保亭民族博物馆的黎族五大方言区的织锦文物精品、精美的黎锦服饰、装饰品。原海南黎族苗族自治州州长王学萍主编的《琼岛守望者 —— 黎族》⑥让我们走进了一个神奇而多彩的黎族世界，将丰富多样的优秀黎族传统文化展现出来。其中第二章内容"世界级文化遗产黎锦"对黎锦的历史、黎锦服饰、抽象的黎锦纹样做了简要概述，通过对东方市抱板村黎族筒裙现状的调查结果，分析提出了对黎锦传统纺织技术传承的

①金景山 . 广东黎族染织刺绣 [M]. 北京: 人民美术出版社, 1982.
②张红梅 . 海南黎族传统手工艺文化 [M]. 海口: 南方出版社, 2020.
③刘超强, 达瑟 . 黎锦织造工艺 [M]. 北京: 中国纺织出版社, 2007.
④王晨, 林开耀 . 中华锦绣丛书: 黎锦 [M]. 苏州: 苏州大学出版社, 2011.
⑤陈玉林 . 五彩霓裳 织锦瑰宝: 海南黎族传统服饰精品图录 [M]. 海口: 南方出版社, 2018.
⑥王学萍 . 琼岛守望者: 黎族 [M]. 上海: 上海文化出版社, 2017.

担忧。该章节的作者为海南大学的孙海兰博士，她在专著《符号与记忆 —— 黎族织锦文化研究》^①一书中记载，她走访了海南省黎族五大支系 23 个村寨，在此基础上系统甄别挑选出最具有代表性的黎族传统筒裙 163 条，绘制完成 539 种形态各异的纹样，并运用民族学、历史学、艺术学及文化阐释和符号象征理论，从黎锦蛙纹、人形纹等纹样入手，全面分析了黎锦纹样所内蕴的生殖崇拜、祖先崇拜等符号意义与社会文化内涵（图 1-5）。李海娥、熊元斌合著的《黎族文化保护与开发》^②从讨论黎族文化保护现状及存在的问题到探讨黎族文化保护路径与制度创新，再到开发模式与产业化战略研究，是一部较为系统的关于黎族文化保护与开发的理论研究著作。其中第十章"黎族文化保护与开发案例研究"讲述了黎锦保护与开发的意义和价值、分析了黎锦开发所面临的问题，并对黎锦长期的保护与开发提出"主体创新""整合营销传播创新""产业化之路""技术与研发创新"4 条路径。

图 1-5 黎族传统纺织面料短裙（润方言区）

---

① 孙海兰. 符号与记忆：黎族织锦文化研究 [M]. 上海：上海大学出版社，2012.
② 李海娥，熊元斌. 黎族文化保护与开发：基于国际旅游岛建设的背景 [M]. 海口：南方出版社，2018.

从以上对黎锦的文献研究中我们可以看到：众多的学者都对记录和保护黎锦倾注了大量的心血，这让海南的黎锦文化能够发扬光大并得到一定的保护。但是，我们也应该清醒地看到，除了记录黎锦的非遗传统工艺，并没有出现一些基于黎锦主题的创新性理论和著作。如何让古老的黎锦融入现代社会和新时代人民的日常生活，使其得到活态传承？如何在黎锦中加入现代元素和创意设计，使其重新焕发活力？在笔者的研究中，将借助文化创意设计的力量，让黎锦这一黎族的象征物能够走进更多年轻人的视野。不仅仅是黎族人民使用，黎锦文化还应该被其他民族所认同。

三、文化创意设计

文化创意设计以文化的传承创新作为创意设计的核心，属于一种知识密集型的创意性活动。文化创意设计通常是利用创新思维，依靠设计师的智慧与专业技能，借助新技术、新手段、新方法对文化资源进行再创造，从而产生具有丰富文化要素的情感产品的文化现象。文化创意产品之所以与普通产品不同，是因为它是具有丰富文化内涵与文化要素的感情消费品，文化创意产品中最重要的不是它的物质载体，而是它其中蕴含的大量文化情感。

（一）文化创意产业

文化创意设计的概念来源于文化创意产业。如果说文化创意设计是文化创意的具体表现，那么文化创意产业就是文化创意的整体最终成果。文化创意产业与文化创意设计息息相关，是实现文化创意设计的风向标。针对海南黎锦主题的文化创意设计，其目的是可持续开发黎锦文创商品，从而促进地方文化创意产业发展，带动黎族农村地区经济增长。文化创意产业研究是自20世纪90年代开始的一个新兴研究领域，最早兴起于英国。英国创意产业特别工作小组给"文化创意产业"作出了如下定义：文化

创意产业就是源于个人创意技巧和才华，通过知识产权的开发和运用，形成具有创造财富和就业潜力的行业[①]。在中国最先使用"文化创意产业"这个概念的是台湾，相关学者将其描述为"源自于创意或文化积累，透过智慧财产的形式与运用，具有创造财富与就业机会潜力，并促进整体生活提升之行业"[②]。1995年，台湾"文化产业研讨会"将文化创意产业的概念内涵扩展至全岛，台湾的文化创意产业步入发展初期。进入21世纪，为提升台湾地区民众的创意与创造能力，台湾从2000年开始推动一系列的创造力教育计划，并发表相关文书，以此推动创意教育事业与文化创意产业[③]。由于国际经济形势的变化，2002年5月31日，台湾将文化创意产业发展列为"挑战2008：发展重点计划(2002—2007)"的子计划，通过行政力量推动文化创意产业发展。随后在2010年又颁布了《文化创意产业发展法》。台湾地区的文创园区经过20余年的发展，目前已经涌现了华山1914创意文化园区、松山文创园区、花莲文化创意产业园区、台中文创园区、高雄驳二艺术特区等具有一定国际影响力的文创园区，文化创意产业已经融入台湾人的日常生活，同时成为台湾新的重要支柱产业。

通过对"文化"的诠释，将文化创意产业发展成为一种在全球化消费社会的背景下，推崇治理创新，强调文化活动对经济的支持与推动作用的新兴理念、思潮和实践活动。近几年，文化创意产业逐渐成为中国学术界讨论的热点。北京、广州、成都、武汉、青岛等地连续发布的《文化创意产业发展报告》蓝皮书重点跟踪研究了各地区文化创意产业发展态势，以整体运行、区域动态、要素市场、行业发展影响等为基本内容，综合研究地方的产业发展状况，积累了这一研究方向大量的发展经验和规律。白远

①白庆祥，李宇红.文化创意学[M].北京：中国经济出版社，2010：7.
②汪卉.基于文化创意设计的杭州传统村落活化策略研究[D].杭州：浙江农林大学，2017.
③陈玉岗，庄耀辉，施升昌，等.创意思考与训练[M].新北：松根出版社，2012.

教授的《中国文化创意产业发展与产品内外需求》[1]从对文化创意产业的定义、范畴界定，到文创产品的中国需求与市场规模、中国文创产品的出口贸易，再到对文化创意产品需求的国际比较，最终将研究成果落实到政府的政策制定中，利用翔实可靠的数据全面分析了全球在文化创意产业与产品贸易领域的理论与实践发展。南振兴等著的《文化创意产业的知识产权保护研究》[2] 从"创意"的定义进行分析，对"创意"的定义进行创新解读，厘清"文化创意产业"和"创意产业""文化产业"的关系，创立了文化创意产业二维论，深刻揭示了文化创意产业法律保护的机理，探讨了文化创意产业知识产权保护的现实困境，构建了文化创意产业知识产权保护体系框架。

文化创意产业是保持文化活性、传承优秀文化的服务产业（黄言涛，2021）。黄言涛提出了加强文化创意产业的创新发展途径，包括充分利用现有资源实现校政企亲密合作，培养应用型人才，加速教产研落地；提高高校在区域文化创意产业中的参与度，为区域文化创意培养和储备人力资源；提高非遗传承人的创新意识，将传统工艺和现代市场融合；等等[3]。此外，崔瑜的《文化创意产业发展研究 —— 基于文化根植的视角》[4]通过文献分析和案例分析，从文化根植性角度出发，在借鉴典型国家和城市的文化根植类型、文化创意产业类型和产业发展动因经验的基础上，以北京市文化创意产业的发展为例探索了文化根植性视角下文化创意企业的发展模式。

随着知识经济的快速发展，创意与创新已然成为国家经济发展中一股不可或缺的内在动力。文化创意产业集聚了文化产业、

①白远.中国文化创意产业发展与产品内外需求[M].北京：经济管理出版社，2016.
②南振兴，陈红英，于向阳，等.文化创意产业的知识产权保护研究[M].北京：知识产权出版社，2015.
③黄言涛.文化创意产业的发展现状与发展策略研究[J].工业设计研究，2021(4):45-50.
④崔瑜.文化创意产业发展研究：基于文化根植的视角[M].北京：经济管理出版社，2019.

高技术产业、服务业和制造业等众多门类，它对提升国家文化软实力、促进优化产业结构与消费结构、发展低碳经济具有决定性作用。

（二）文化创意产品设计

相对于文化创意产业研究，文化创意设计相关的著作就显得十分有限。林明华、杨永忠在系统梳理创意产品的基本理论、一般产品开发模式以及创意产品开发模式的基础之上，基于修正后的创意产业价值链，提出了较多差异化的创意产品开发模式，并通过理论与实证研究，最终提出了促进中国创意产品开发的制定设计[①]。 钟蕾、李杨从"文化创意""旅游产品"两方面展开理论分析，对旅游产品提出创新型、创意时尚型及传统手工艺型三大主要类别；提出了将民俗文化作为创意源如何实现传统元素与产品的适度整合，结合现代人的生活方式、文化背景完成民俗文化资源的市场性转化与创新[②]；通过对文化元素的提炼和处理，借由造型、功能、现代元素等实现产品创意设计与创新（图1-6）。王俊涛的《文化创意开发与设计》介绍了文化、文化产品的概念，对比文化产品与产品文化的关系，通过梳理文化产品的设计方法，分析文创案例，利用设计实践开展文创产品设计与开发[③]。陈凌云所著的《博物馆文化创意产品开发研究》运用艺术营销学、艺术创意学和博物馆管理学的理论方法，以案例调研为基础，分析博物馆如何定位并发展文化创意产业，在文化资本理论和教育传播学视域下如何界定"博物馆文化创意产品"的概念内涵和价值构成，剖析目前博物馆文化创意产品在研发设计环节和市场营

---

①林明华,杨永忠.创意产品开发模式:以文化创意助推中国创造[M].北京:经济管理出版社,2014.

②钟蕾, 李杨.文化创意与旅游产品设计[M].北京:中国建筑工业出版社,2015.

③王俊涛.文创开发与设计[M].北京:中国轻工业出版社,2019.

销环节存在的问题，进而探讨如何从整体上突破中国博物馆文化创意产品开发面临的瓶颈，构建完整高效的文化创意产业链[①]。张颖娉认为可以通过观察、思考、手绘 3 个阶段来完成文化创意产品设计，提出使用创意创新来解决文创产品同质化严重的问题[②]。姚湘、胡鸿雁合著的《文化创意产品设计》主要讲述中国文化在产品设计中的应用，以新的产品设计思路进行深入提炼，提出用以应用内容、文化类别、设计载体为轴的三维图进行文化产品的确切定位，发展出一套文化创意产品设计的程序和方法[③]。

图 1-6　海南省五指山市民族博物馆文化创意产品商店

　　直到目前，"文化创意产业"和"文化创意设计"在高校中还是较新的概念。许多高校陆续开设了"文化创意学""文化创意产品设计"等相关课程，但并未形成系统性的专业。不过对文化创意设计的研究，近年来已呈现出快速增长的态势。湖北工业大学的周承君教授与笔者合著的《文创产品设计》就是从文化创意产品管理与设计的角度出发，对文化创意设计的概念、政策、特征

①陈凌云.博物馆文化创意产品开发研究 [M].上海：上海社会科学院出版社，2019.
②张颖娉.文化创意产品设计及案例 [M].北京：化学工业出版社，2020.
③姚湘，胡鸿雁.文化创意产品设计 [M].北京：北京大学出版社，2020.

进行详细梳理，介绍文创产品设计的原则、方法和流程，并通过前沿理论与实践案例，系统性和多角度地分析解读物质与非物质类文化创意产品的设计方法[①]。

第二节 研究概念的文献综述

一、文化生态

文化生态这一概念最初形成于西方国家，源于对"生态学"的认知。1955 年，美国学者朱利安·海内斯·斯图尔德（Juliar Haynes Steward）在其理论著作《文化变迁的理论：多线性变革的方法》（*Theory of Culture Change:The Methodology of Multilinear Evolution*）中首次明确提出"文化生态学"的概念，指出它主要是"从人类生存的整个自然和社会环境中的各种因素交互作用研究文化产生、发展、变异规律的一种学说"[②]。此后，文化生态学积极吸取生态学、文化人类学、文化地理学、城市社会学等相关学科的理论营养，成为利用生态理论研究文化产生、发展规律的一门社会学分支学科。

斯图尔德认为文化变迁就是文化适应，这是一个重要的创造过程：不同地域环境下文化的特征及其类型的起源，即人类集团的文化方式，如何适应环境的自然资源、其他集团的生存，也就是适应自然环境与人文环境。文化生态包含自然环境、经济环境和社会环境 3 个方面，形成了自然—经济—社会三位一体的复合

---

①周承君, 何章强. 文创产品设计 [M]. 北京: 化学工业出版社, 2019.

②朱利安·海内斯·斯图尔德. 文化变迁的理论 [M]. 张功启 , 译. 台北: 远流出版事业股份有限公司, 1989.

结构①。从中可以看到文化生态学的变量因素 —— 人、自然、社会、文化的交互作用。当我们运用文化创意设计进行黎锦文化的产品开发时，我们可以利用文化生态学理论，分析特定技术开发对黎族社会环境和黎族人民带来的变化和影响，并评估这种新的文化变迁所带来的影响和利弊。

从 20 世纪 80 年代开始，文化生态学的理论建构逐渐成熟和规范，并呈现出系统化、多元化、交叉化的发展特点。在 1999 年，学者黄育馥发表论文《20 世纪兴起跨学科研究领域 —— 文化生态学》，首次向中国介绍斯图尔德文化生态学的发展情况。随后的 40 年中，"文化生态学"与"文化生态" 的内涵被中国学者不断地进行本土化转换和重释。学者李成将文化生态内涵的发展和变迁概括为三个概念阶段：原生态、次生态及再生态②。从中我们可以看到，在中国，文化生态的语境变迁，随着经济和文化环境的发展而进一步迁移，内涵也变得越来越丰富。在原生态概念阶段，对文化生态的研究往往局限在文化地理学的学科层面。而到了次生态概念阶段，研究内容则聚焦于文化和环境的互动关系，增加了人文社会环境因素。如朱岚将文化生态看作是文化形成发展的时空场，这个时空场包括自然环境和人文环境③。在此时期，也有部分学者提出文化生态只包含文化形态而非包括自然环境形态的观点。如李学江主张文化生态就是文化的生成、传承、存在状态④；何红一则将文化生态等同于文化生态环境，认为文化生态环境就是文化的生存背景与生存样态⑤。然而这种观点的狭隘和局限性到了再生态时期就显得十分明显。因为文化生态的

①冯天瑜 . 文化生态学论纲 [J]. 知识工程, 1990(4):13–19.
②李成 . 论文化生态对思想政治教育的影响 [D]. 上海：华东师范大学, 2020:10.
③朱岚 . 中庸之道的文化生态根源透视 [J]. 孔子研究, 1997（4）: 48–54.
④李学江 . 生态文化与文化生态论析 [J]. 理论学刊, 2004（10）: 118–120.
⑤何红一 . 中国南方民间剪纸的文化生态环境 [J]. 中南民族大学学报（人文社会科学版），2004（6）:48–53.

再生态概念已经由原来的环境论导向变为系统论导向，文化生态成为一个包括内部各有机要素和外部各影响因子的动态系统。文化生态强调系统内部各文化因子之间的多样共生，以求平衡；强调各文化因子之间的整体协调，以求和谐；强调系统的动态开放、循环更新，以求持续发展[1]。至此，文化生态概念的界定和认识基本成型，为后续相关的文化生态研究开辟了新路径。

此外，黄正泉教授认为，从文化生态视域审视社会，社会是文化生态符号化的秩序系统，社会文化包括物质文化、思想文化、制度文化、行为文化，还包括生活方式、风俗习惯、宗教文化等，可以将这些文化划分为几个层面，即物质层面、历史层面、制度层面、精神层面等[2]。由此可见文化与社会的关系，并窥视到一个极其复杂且系统的"关系化"文化生态。

笔者所指的文化生态属于再生态概念，试图将文化生态学方法引入黎锦文化研究领域进行思考，着眼于黎锦文化内部的构成要素和相互作用的外部环境生态系统研究。在梳理黎锦非物质文化遗产的文化生态系统后，从静态结构与动态过程两条路径分析黎锦文化的特点，以掌握当前政治、经济、社会及市场等系统环境下黎锦的文化生态状况，并寻求未来的发展方向。

二、非物质文化遗产

非物质文化遗产是一种历史悠久、底蕴丰厚的传统文化。弘扬和保护非物质文化遗产的重要意义就在于其丰富的精神内涵和由此形成的多维价值体系。在"见人见物见生活"、弘扬非遗当代价值、切实加强非遗保护能力建设等理念的指导下，中国非遗保护工作稳步推进，社会认同进一步增强。非遗文化正逐渐成为

---

①唐建军. 文化生态学视野下遗产旅游地的可持续发展研究 [J]. 东岳论丛, 2011(1):99-102.
②黄正泉. 文化生态学 [M]. 北京: 中国社会科学出版社, 2015:59-60.

现实社会中的文化新宠。如今，众多国人已了解到非物质文化遗产在其发展和传承过程中所具有的独特价值，并意识到利用这种价值能够创造新的价值。2018年，中国文化及相关产业增加值为4.1万亿元，非遗产业核心层规模突破1.4万亿元[①]。2021年末，在文化和旅游部第四季度例行新闻发布会上，文化和旅游部非物质文化遗产司副司长胡雁介绍道，截至目前，中国国家级非遗代表性项目共有1557项。为支持非遗保护传承，中央财政设立了国家非遗保护专项资金，2006年以来，中央财政累计投入资金87.9亿元人民币[②]。

（一）非物质文化遗产的概念

非物质文化遗产的概念是文化遗产概念向非物质层面的扩展，其国际认同经过了一个复杂的过程。最早提出与"非物质文化遗产"相似的概念的文献可追溯到1950年日本颁布的《文化财保护法》，其中的"无形文化财"是指有较高历史或者艺术价值的戏剧、音乐、工艺技术、民俗等无形文化载体。"非物质文化遗产"的概念雏形由此形成[③]。在1997年联合国教科文组织第29次全体会议上，通过了建立"人类口头与非物质遗产代表作"的决议，确认了"口头和非物质遗产"的概念。直到2003年10月联合国教科文组织通过《保护非物质文化遗产公约》（简称《公约》）才最后确定概念名称，以"非物质文化遗产"的新概念来替代"人类口头与非物质遗产代表作"。《公约》对"非物质文化遗产"的定义为：被各族人民世代相传，并视为其文化遗产组成部分的各种实践、表演、表现形式、知识和技能及其有关的工

①西沐.中国非遗及其产业发展年度研究报告（2018—2019）[M].北京：中国经济出版社，2019:57.

②中新社.文旅部：国家级非遗代表性项目已达1557项[EB/OL].（2021-06-10）.http://news.youth.cn/jsxw/202106/t20210610_13012582.htm.

③隋丽娜.关中非物质文化遗产研究：文化生态学视角[M].天津：南开大学出版社，2014:2.

具、实物、工艺品和文化场所。截至 2019 年 6 月，中国已有包括海南黎锦在内的 42 个项目被联合国教科文组织列入非物质文化遗产名录，位居世界第一①。因此，我们首先从非物质文化遗产的保护与传承研究动态开始讲起。

（二）非物质文化遗产保护政策与法规

中国传统文化底蕴丰厚，传承下来的非遗项目形式多样、种类繁多。与其他国家相比，中国对非物质文化遗产的研究和保护起步较晚，在新中国成立之后才开始对非遗做一些调查、记录和保护工作。由于缺乏系统的保护措施和相关的法律法规，再加上历史及自身发展等因素，很多非遗项目已经濒临消失。《保护非物质文化遗产公约》的颁布推动了中国非物质文化遗产保护事业的发展，中国政府逐步构建并完善了一系列健全的非遗保护政策。2005 年 3 月中国《关于加强文化遗产保护工作的意见》颁发，2006 年 11 月文化部审议通过《国家非物质文化遗产保护与管理暂行办法》，自此之后中国大陆地区对于非遗保护渐渐步入正轨，各类非遗项目开始得到深入的研究与普查；对于非物质文化遗产保护存在的问题、策略及措施，也有所探讨。《中华人民共和国非物质文化遗产法》于 2011 年 2 月 25 日由第十一届全国人大常委会第十九次全体会议高票通过，于同年 6 月 1 日起正式施行。从此，中国非遗保护进入了有法可依的轨道。

（三）非物质文化遗产保护与传承

一直以来由中山大学中国非物质文化遗产研究中心牵头编著的《非物质文化遗产蓝皮书：中国非物质文化遗产保护发展报告》

---

①中华人民共和国教育部政府门户网站.《人类非物质文化遗产代表作名录》收录的中国非物质文化遗产 [EB/OL].(2021-2-11).http://www.moe.gov.cn/s78/A23/A23_wjzl/201906/t20190624_387312.html.

从 2011 年开始已经连续出版 10 余年。该蓝皮书探讨了中国非物质文化遗产保护以及关于生产性保护的问题，对中国每一年非物质文化遗产保护工作中出现的新趋势、新特点进行了重点阐述，并对一些保护和传承工作提出了意见建议。除此之外，北京、上海及其他各省、市、地区也陆续出版过类似的地方非物质文化遗产发展报告，梳理了地方非物质文化遗产保护工作在理论研究与实践探索方面取得的经验与面临的问题。王文章的著作《非物质文化遗产概论》作为非物质文化遗产理论的奠基石，从基础理论和实用理论两大方面对非物质文化遗产进行研究，通过 8 个章节的内容对非物质文化遗产的定义、特性、价值、意义、分类、保护的现状与发展、保护的基本方式与原则、历史经验和国外经验的借鉴等做了全面深入的论述与梳理[1]。

西北民族大学满珂教授的《非物质文化遗产：变迁·传承·发展》借助地方非遗个案研究，从民俗学、民族学的视角出发，通过扎实的田野调查，展现不同类型非遗的保护现状；探讨非遗的本质及其与民俗生活的密切联系与变迁，进而依据非遗相关理论，反思现有保护措施[2]。叶鹏在《中国非物质文化遗产保护机制研究——基于文化与科技融合视角》一书中基于文化与科技融合角度，分别从理论阐释、机制建构和平台设计 3 个方面，提出构建以政府主导、融合创新、需求导向和社会保护为内容的机制体系及其实现路径[3]。张兆林等人合著的《非物质文化遗产保护领域社会力量研究》从另一个视角对非物质文化遗产保护中的社会力量予以系统研究，逐一剖析这些社会力量的功能与角色、作用与价值，指出目前中国非物质文化遗产保护理念的变迁及其面

① 王文章 . 非物质文化遗产概论 [M]. 北京：文化艺术出版社，2006.
② 满珂 . 非物质文化遗产：变迁·传承·发展 [M]. 北京：科学出版社，2019.
③ 叶鹏 . 中国非物质文化遗产保护机制研究：基于文化与科技融合视角 [M]. 北京：中国社会科学出版社，2016.

临的现实问题①。刘锡诚在其著作《非物质文化遗产保护的中国
道路》中，从理论、实践、立法、保护、传承、发展等不同方面
和角度对中国非物质文化问题进行了深入、细致地研究②。杨红的
《非物质文化遗产：从传承到传播》试图通过搭建非遗保护、媒
体传播、社会教育等相关学科领域互动交流的平台，从传播学和
新媒体角度出发探讨增强非遗传播力的新思路和新路径③。而杨
红的《非物质文化遗产数字化研究》则对非遗数字化保护及数据
库建设标准体系进行了基础性研究，针对当时中国非遗数字化的
核心问题，提出了非遗数字资源的核心元数据元素集方案，建立
了非遗项目分类编码体系，首次提出非遗项目类属的"双层四分
法"④。

（四）地域及少数民族非遗保护与传承

一些研究立足于少数民族以及不同的非遗项目、不同的地域
做了调查分析，提出了很多有效的保护与传承路径。王丹在《中
国少数民族非物质文化遗产传承与发展研究》一书中着力于"少
数民族非物质文化遗产"和"传承发展"两大焦点，展现了中国
少数民族非遗保护的基本形势和状况，肯定了少数民族非遗保护
的成果和经验，反思了实际保护过程中出现的项目不对称、功能
发掘利用不充分、传承人身份等问题⑤。张魏的《云南少数民族
非物质文化遗产保护与开发研究》提出了非物质文化遗产旅游开
发价值评价体系以及非物质文化遗产保护程度评价体系，通过评
价体系对非物质文化遗产进行分类，针对不同类型的云南少数民

①张兆林，齐如林，束华娜.非物质文化遗产保护领域社会力量研究 [M]. 北京: 中国社会科学出版社，2017.
②刘锡诚.非物质文化遗产保护的中国道路 [M]. 北京: 文化艺术出版社，2016.
③杨红.非物质文化遗产：从传承到传播 [M]. 北京: 清华大学出版社，2019.
④杨红.非物质文化遗产数字化研究 [M]. 北京: 社会科学文献出版社，2014.
⑤王丹.中国少数民族非物质文化遗产传承与发展研究 [M]. 北京: 中央民族大学出版社，2019.

族非物质文化遗产提出其保护与旅游开发的 4 种良性互动模式：政府监管模式、旅游加强模式、保护加强模式、双管齐下模式[1]。马振的《非物质文化遗产的旅游生产性场域研究》主要研究旅游对土家族非物质文化遗产传承的影响，研究的非遗项目包括"西兰卡普" 手工技艺、恩施女儿会、摆手舞。作者运用布迪厄（Pierre Bourdieu）的文化再生产理论，结合其资本、惯习、场域等概念，推导出非物质文化遗产旅游生产性传承的概念和旅游生产性传承场域的概念。他认为在旅游生产性传承场域，应从客位思考的角度出发，基于不同的旅游发展阶段和不同需求的游客，可以建构不同的"原真性"非物质文化遗产[2]。雒庆娇的著作《甘肃省少数民族非物质文化遗产保护研究》系统地梳理、总结了甘肃省少数民族地区非物质文化遗产的现存数量和保护现状，第一次从灾害学的角度审视甘肃省少数民族地区非物质文化遗产的保护问题，并提出了甘肃省少数民族地区非物质文化遗产保护的方法和措施[3]。程佳所著的《河北非物质文化遗产传统手工技艺传承与发展》以永清扎刻为研究对象，为永清扎刻传统手工技艺的抢救保护与传承提出：适度产业化开发，探索生产性保护路径；各类媒体全方位宣传推广，扩大群众基础；在学校教育中，推广传统技艺进课堂等具体实施办法[4]。

三、活态传承

"活态传承"是近年来探索非物质文化遗产保护与传承所衍生出来的新概念。中国的非物质文化遗产具有文化多样性的优

①张魏.云南少数民族非物质文化遗产保护与开发研究 [M].北京:商务印书馆,2019.
②马振.非物质文化遗产的旅游生产性场域研究 [M].北京:九州出版社,2018.
③雒庆娇.甘肃省少数民族非物质文化遗产保护研究 [M].北京:商务印书馆,2015.
④程佳.河北非物质文化遗产传统手工技艺传承与发展 [M].北京:化学工业出版社,2020.

势，在保护与传承上既具有非遗保护的普遍共性，又带有民族特性。胡燕在其博士论文《宜兴紫砂发展历史及活态传承研究》中提到：所谓"活态"，指的是现今活跃的存在状态，其对应的是固态、静态状态。活态传承不同于简单实体物质传承，也不同于文物、标本、资源、景观等有形物质的传承或书籍、报刊等思想观念、知识体系的传承。其特点是在现实环境条件下，以人为主体，在保存其文化精髓和要素的前提下，以一种活跃、可持续的方式延续其文化形态①。学者高媛认为如果非遗只停留于保护传统，不与现代生活发生联系和互动，那就只能成为"死去的文化遗产"②。非物质文化遗产的抢救性保护已经告一段落，接下来应该是针对非遗保护传承中面临的现代化冲击、旅游开发、伦理原则认知缺乏等问题，进行合理的活态传承与开发研究。

2009年2月，非物质文化遗产生产性方式保护论坛在北京召开。张志勇总结了非物质文化遗产保护专家们的观点，认为非物质文化遗产最大的特点是"活态性"，它与人们的生产和生活息息相关，所以必须将之引入生产领域，进行活态的保护③。谢静认为活态传承实际上就是要使传统的非物质文化遗产形式重新融入当下的生活，让非物质文化遗产活态传承的最有效途径是有效地进入当代社会。因此，她提出以非遗与文创产品创新融合的方式来实现双赢④。程晓琼理解的活态传承是非物质文化遗产传承的一种理念，即在非物质文化遗产的传承中，要形成"现在'活着'的非物质文化遗产不等于'长生不老'，要促进其'长生不老'地活下去，就要以有活力的活在当下的'活态'形式将其传承下

---

①胡燕.宜兴紫砂发展历史及活态传承研究[D].南京：南京农业大学，2012.
②高媛.泸州分水油纸伞活态传承之衍生品开发研究[J].艺术品鉴，2018(14)：182-183.
③张志勇.众多专家学者呼吁：非物质文化遗产应注重生产性方式保护[N].中国艺术报，2009-02-13(1).
④谢静.湖北非遗活态传承与文创产品创新双赢路径探析[J].湖北第二师范学院学报，2017(7)：61-64.

去"的理念①。陈勤建指出，传统技艺性的非物质文化遗产具有活态性和生产性，最好的保护方式就是让它在民众生活中重新获得需求土壤，从而取得新的活力②。而胡惠林和王媛则提出从"生产性保护"转向"生活性保护"的观点③。

此外，吴南博士在《中国传统手工艺术活态传承机制研究》中对中国传统手工艺术活态传承现状的分析，明确了目前活态传承机制存在的问题。他通过辨析从业者素质和产品质量等组成要素对传承系统运行的影响，明晰了系统良性运行的关键，据此提出构建有效活态传承机制的策略④。他所提出的具体有效的活态传承机制包括制定明确及科学的战略规划、确立适合的组织形式和管理者、建立有效的评价体系、围绕职业技术教育形成多层次培养体系。曾梦宇和胡艳丽以黔东南苗族侗族自治州少数民族非物质文化遗产为研究对象，阐述了不同类型的少数民族非遗项目的活态传承路径选择，创新性地提出利用文化空间，促进少数民族非物质文化遗产的综合性传承，并使文化空间能够适应现代经济、文化、传媒、交通等方面发展的冲击，形成较好的文化对接的文化空间类活态传承路径⑤。邵阳学院的姚文凭老师一直从事湘西南非物质文化遗产的传承和保护工作，通过长期的田野考察和原生态资料的收集，将研究成果汇集于《湘西南少数民族非物质文化遗产及活态传承》一书。在第四章介绍非遗项目邵阳布袋木偶戏时，她提出动漫化传承的可行性：一是将邵阳布袋戏文化元素应用于动画作品，实现邵阳布袋戏的动漫化创新；二是进行

①程晓琼.职业院校非物质文化遗产活态传承实施路径研究[J].绿色科技,2019(12):57-59.
②陈勤建.定位分层、核心传承、创意重构:非物质文化遗产生产性保护的若干思考[J].辽宁大学学报,2013(6):1-8.
③胡惠林,王媛.非物质文化遗产保护:从"生产性保护"转向"生活性保护"[J].艺术百家,2013,29(4):19-25.
④吴南.中国传统手工艺术活态传承机制研究[M].北京:中国纺织出版社,2020.
⑤曾梦宇,胡艳丽.少数民族非物质文化遗产活态传承研究:以黔东南苗族侗族自治州为例[M].成都:四川大学出版社,2020.

邵阳布袋戏木偶的动漫玩偶产品开发，以邵阳布袋戏木偶的传统技艺制作动漫玩具、模型等衍生品，增加邵阳布袋戏木偶艺术在当代社会中的合理利用途径，使其重新走进人们的生活中，从而实现活态传承[①]。

　　学界对于非遗文化传承提出的方式主要为利用、转化和创造，期待传统非遗采用全新形式与形态重新融入人民群众生产、生活的环境中，进行活态传承与发展，以此改变过去流于表面的静态传承。笔者将引用活态传承的理念进行黎锦文化创意产品的设计与开发，将会涉及政府、企业、高校、文创机构、传承人等主体，须引导多方社会力量协同发展，提出各方具体的发展思路，有针对性地制定策略加以实施。非物质文化遗产的活态传承是对过去传统方式的保护与传承理念的创新和升级。黎锦非遗的活态传承就是要达到保护非遗传统技艺的目的，同时又要让其释放出应有的文化活力。

四、可持续性

（一）可持续发展

　　对于可持续性发展最普遍的定义应该是："既满足当代人的需求，又不对后代人满足其需求的能力构成危害的发展。"[②]1987年4月，联合国世界环境与发展委员会公布了历时3年的研究报告——《我们共同的未来》，正式对可持续发展理论的概念及内涵进行了界定与阐述。此后，在1992年巴西里约热内卢联合国

---

①姚文凭. 湘西南少数民族非物质文化遗产及活态传承 [M]. 青岛: 中国海洋大学出版社, 2019.

②United Nations. Report of the World Commission on Environment and Development Our Common Future[EB/OL]. [1987–06].www.un-documents.ent/wced-ocf.htm.

环境与发展大会上得到了普遍认可。国际组织和学者也非常重视可持续发展的理论和实践研究，尤其在宏观领域构建了一些可持续发展评价指标体系和评价方法。比较有代表性的指标体系有联合国可持续发展委员会提出的以压力—状态—响应（Pressure-State Response, PSR）为基本框架的指标体系；加拿大环境经济圆桌会议（National Round Table on the Environment and the Economy, NRTEE）提出的基于反应—行动—循环的指标体系[①]。1996 年，美国总统可持续发展委员会发表了《可持续的美国 —— 关于未来繁荣、机遇以及健康环境的新共识》报告。该报告确定了可持续发展的 10 个目标，其中前 3 个最为重要：（1）健康与环境；（2）经济繁荣；（3）公平。这里的"公平"指的是社会公平（机会平等）和代际公平（intergenerational equity，对后代的公平）[②]。汤姆·拉斯认为布伦特兰所定义的可持续性概念过于粗略，很难付诸实施。归根结底，是因为可持续性是复杂的。想要成为可持续社会，就必须平衡当前利益与未来利益，在环境局限性之内去认识机会[③]。

可持续发展的思想在中国源远流长。从庄子"道法自然，返璞归真"的自然主义和谐到孔孟的"尽心知性、尽性知天"的伦理主义和谐，人与自然平等和谐的"天人合一"的思想一直延续到今。《中庸》中提及的"人与天地相参"，可谓是中国古代可持续发展思想的核心。可持续性最本质的涵义在于通过阐明人与自然关系的重要性，明确自然资源的可持续力，使人类经济活动合

---

①范磊. 公共建筑可持续性综合评价方法研究 [D]. 北京: 北京交通大学, 2020.

② President's Council on Sustainable Development. Sustainable America: A New Consensus for the Prosperity, Opportunity, and a Healthy Environment for the Future[EB/OL]. [1999−05].http://clinton2,nara.gov/pcsd/publications/tf-reports/amer-top.html.

③汤姆·拉斯. 可持续性与设计论理 [M]. 徐春美, 译. 重庆: 重庆大学出版社, 2016.

乎理性，形成人类社会与生态环境之间的良性循环，其突出标志是资源的永续利用和良好的生态环境。随着文明的进步、时代的发展，可持续发展的思想被赋予了更为广阔深远的含义[①]。

自 20 世纪 90 年代起，可持续发展的研究成果有《中国可持续发展战略报告》（中科院可持续发展研究组，1999—2016）、《中国的可持续发展研究 —— 从概念到行动》、《中国沿海地区 21 世纪持续发展》、《中国可持续发展态势分析》、《中国中部区 21 世纪持续发展》，以及近期的《粤港澳大湾区可持续发展指数报告》，等等，这些研究成果都促进了中国区域可持续发展理论研究和实证研究的发展。同时，牛文元院士等主编的《2015 世界可持续发展年度报告》[②]对全球有代表性的国家的可持续发展状况进行了理论和数据分析 。

此外，李永峰的《中国可持续发展概论》是一部全面阐述中国可持续发展的理论专著，通过分析中国人口、能源、经济、科技、教育等现状和问题，提出可持续的战略构想与实施举措[③]。田建华博士的《松辽区域文化可持续发展研究》将目光锁定在中国北方的松辽区域文化，通过对"松辽文化"这种区域文化进行系统化研究，提炼其中具有普遍价值的资源，并进行批判性解释和创造性转化，从而为文化变迁、转型中的应对性分歧、认同危机及其重建提供一种视点[④]。赵传松在其博士论文《山东省全域旅游可持续性评估与发展模式研究》一文中指出：区域可持续发展理论是可持续发展研究的最终归属，也是可持续发展理论的生命力所在，对全域旅游发展模式探索具有重要的指导作用[⑤]。

---

①田川流 . 中国文化艺术可持续发展研究 [M]. 济南: 齐鲁书社, 2005:1.
②牛文元 . 2015 世界可持续发展年度报告 [M]. 北京: 科学出版社 , 2015.
③李永峰 . 中国可持续发展概论 [M]. 北京: 化学工业出版社 , 2014.
④田建华 . 松辽区域文化可持续发展研究 [M]. 北京: 知识产权出版社, 2019.
⑤赵传松 . 山东省全域旅游可持续性评估与发展模式研究 [D]. 济南: 山东师范大学, 2019.

（二）可持续设计

可持续设计是一种构建及开发可持续解决方案的策略设计活动，这一活动均衡考虑了经济、环境、道德和社会问题，以在思考的设计上引导和满足消费需求，维持需求的持续满足。可持续设计是在对环境产生最低影响的同时，可以产生经济效益、优化个人生活，甚至能够推动城市建设的设计。美国学者斯图尔特·沃克（Stuart Walker）在其专著《可持续性设计——物质世界的根本性变革》中基于历史、文化和精神的视角，从哲学层面阐述了在产品设计推动社会经济发展的同时，社会经济发展也会反过来影响产品设计的观点，重点从产品设计如何推动社会经济的可持续性发展出发，提出了基于四重底线的可持续性设计理念，以及基于四重底线的可持续性设计的基本方法[①]。

四川美术学院王立端教授的《基于可持续发展的中国绿色设计体系构建》[②]是国家社科基金重点招标项目"绿色设计与可持续发展研究"的研究成果，提出了以绿色设计的方式来解决资源和环境可持续发展的思路。此外，他在《为人类的未来而设计》一文中指出绿色设计在理论上有3R原则，即Reduce（减少）、Recycle（回收）、Reuse（重复使用），要求在设计中不仅要减少物质和能源的消耗，减少有害物质的排放，而且要使产品和零部件能够方便分类回收并再生循环或重新利用。其思想的一个主要路线就是无论设计什么产品，从开始设计的时候就把节约资源、保护环境、可持续的概念融入其中，将是否环保作为衡量产品优劣的首要尺度，其次才是功能和外观造型[③]。

---

①斯图尔特·沃克.可持续性设计：物质世界的根本性变革 [M].张慧琴，马誉铭，译.北京：中国纺织出版社，2019.
②王立端.基于可持续发展的中国绿色设计体系构建 [M].北京：北京大学出版社，2020.
③王立端.为人类的未来而设计 [J].设计，2014(7):149–150.

第一章 文献综述

41

　　人可持续发展理念是从人类社会连续发展的过程着眼，提出了资源的有效利用、优化环境、促进社会与经济发展的一种良性循环发展模式。所以，可持续发展成为当代社会处理资源开发与发展各项事业的一个重要指导原则，也成为笔者研究黎族文化开发的重要原则。可持续开发是在考虑黎族非遗活态流变与发展过程中的多维度因素，尤其是资源、环境、社会和经济因素的基础上从事开发实践活动。提出黎锦文化的创意设计与开发，实质是在保护文化的多样性。黎锦的开发需建立在可持续性的基本原则之上，目前对黎锦的可持续性开发与设计的研究还处于空白阶段。想要实现黎锦文化的可持续发展，需要重新认识人与自然、自然与黎锦、黎族与黎锦、人与黎锦的关系，保护和促进黎族文化多样性以及文化生态的和谐发展。

第二章
黎族非遗文创产品开发

第一节 非物质文化遗产和文化创意产品的关系

　　文化创意产品是指在文化驱动下由创意产出的任何制品或产品的组合。从产品最终形态来看，文化创意产品包含两个相互依存的部分：文化创意内容与载体。中国文化创意产业虽然起步较晚，但发展较为迅速，并受到来自政府、企业等多方面的重视。非物质文化遗产与文化创意产业相结合是一次从小众化到大众化的转变，除了要发扬其内在的文化支撑，更需要与现代创意设计结合。非遗经过文化创意产业的继承和应用，以一种博古通今且平易近人的方式出现在老百姓的日常生活中。这种转化方式使得非遗产品能够在现代市场竞争中占有一席之地，更好地传承非遗。

一、非物质文化遗产在文创产品中的特性

（一）文化性

　　文创产品中的文化性体现，实质是在通过文创产品彰显民族传统、时代特色、社会风尚、企业或团体理念等精神信息。文化性是非遗文创产品的核心内容，消费者对于非遗类文创产品的

消费，从某种意义上来说不仅仅是为了其实用性，更多是为了买一种文化和生活方式，是一种由文化带来的情感溢价。目前火爆的三星堆文创产品，一方面体现的是对考古文物和古蜀文化的喜爱，另一方面则体现出通过创意设计方式，人们对赋予了文化内涵的产品的推崇。文化创意产品作为文化传播的实物载体，二者之间存在互动联系。它在传承我国传统非遗文化的同时，也是一种无形的文化资产。这种无形的文化资产能够充分满足人们对精神文化的需求，从而对价值观和精神层面产生深厚的影响。

文化创意产品注重文化的创新，文化创新并不意味着一定要和传统的文化结合，也可以是多元文化的创造性组合。文化创意产品不仅注重实用功能，同时也给消费者提供了各种情感体验，比如在使用过程中触觉和听觉的感受。文化是经过长时间的积淀形成的，是一种"记忆力"和"文脉"，文化创意产品的文化内涵是人们喜爱的原因之一。目前各地政府部门已经开始重视对地域文化的发掘和宣传。非物质文化遗产的文化元素可以满足人们对先祖生活方式的追忆，这也是用户对文化创意产品的认知所传达的文化价值。文创产品要实现文化内容的准确表达和传达，使消费者通过文创产品接收到准确的文化内容，得到文化体验，这是设计文创产品的基本要求。

（二）艺术性

无论是民族织锦技艺还是陶艺，大部分的非物质文化遗产都体现出中华民族对艺术与美的追求。艺术性是指在结合设计条件、材料、环境进行设计活动时，创作主体应对设计的审美规律有所参照，设计作品应对设计审美要素有所展现。文创产品应具有艺术价值，反映的是当代受众群的审美特征，特别是千百年来传承至今的各类非遗技艺产品，具有厚重的民族艺术特性。非遗文创产品的艺术性同时包括了文创产品外在形态与内在精神。文

创产品能够达到内外结合的美，才能给消费者带来愉悦的感受，同时唤起人们的生活情趣和价值的体验，使文创产品本身可以与人沟通、与生活相融。因此，设计者在进行文创产品设计的时候，应当充分熟悉材质、工艺和形式所表现出来的特性，在研发时结合地方文化习俗、风土人情、神话传说、生活方式等，设计出外在形态符合形式美法则及当代的审美需求，内涵能让消费者有所回味，从不同角度体现出独特的艺术审美价值的产品。

（三）民族性

艺术由人创造，而"人"不能离开民族而存在，尤其是离不开本土文化，即民族性。以"龙"为例，中西方对龙的理解存在一定的差异，龙在中国有着民族的象征，当在设计作品中出现龙时，国人自然就会联想到这个符号所连带的一些特殊意义。民族指的是一群人在文化、语言、历史或宗教方面与其他群体在客观上有所区别。在艺术风格上越具有民族性就越具世界性，因此我们经常讲"民族的就是世界的"。同时，保持民族文化的独特性才能保持文化的多样化，如湘西的土家织锦、四川彝族的漆器、西藏的唐卡，各具特色，争奇斗艳。

不同的民族所表达的文化特性各不相同，设计师在设计各民族非遗文化创意产品之前，应该着重抓住该民族文化的精神内核，找到其差异性。在对文化元素进行提取时，应对民俗故事、纹饰、器物等进行分类梳理，在尊重民族习俗的前提下进行头脑风暴，设计出具有民族风情的文创产品，更好地弘扬和传承民族文化。

（四）地域性

地域文化是以地理区域为基础，以历史为主线，以景物为载体，发挥一定作用的人文精神活动的总称。地域文化充分反映着这一地区的历史、社会、经济、政治等文化形态，蕴涵含着民族的哲学、艺术、宗教、风俗以及整个价值体系的起源。所谓地域性设计是依据地域特点进行的设计，主要包括基于地域环境的适应性设计和基于文化资源的传承性设计两个方面，其实质是一种生态性设计。因此，非物质文化遗产的传统文化价值已成为地域文化的代表，体现不同的种群和民族的历史和才智，使得地域文化特征更为突显。

俗话说一方水土养一方人，在特定的地理环境下，地方生产资源、经济发展、历史动机、气候条件、水土因素等决定了该地区文化发展的特点。不同的地域必然有不同的文化空间，所呈现的文化环境也必然不同。如在中国，长江流域的文化与黄河流域的文化不同，但它们同属于华夏文明；楚文化与皖文化不同，但它们同属长江流域文化；而楚文化又可以细分为屈原文化、三国文化等。地域性设计的基本设计方法是提取地域文化中的符号模式及功能模式应用于现代设计之中，以满足本地域文化共同体的审美心理认同，同时造成相异地区人们文化审美心理的差异感。在进行文创产品设计时，应概括出文化的共性，突出文化的个性，反映特定地域的自然风貌和风土人情。

（五）传承性

文化创意产品的本质目的是文化的传承，传承的途径是继承和创新。非遗文化创意产品的创新主要体现在功能和形式上，优秀非遗传统文化的传承就是要抓住其中的精髓，保证其原真性。在实施过程中，针对文化创意产品的市场开发，应从战略目标和市场定位两大主要方面进行具体分析，充分挖掘市场价值。我们不仅要赢得国内市场的认可，还要努力将文化创意产品推向国际市场。因此，在设计和开发过程中，我们必须做一个短期和长期的文化创意产品的规划。今天的创新很有可能就是明天的传承，

明天的传承必将迎来未来的创新。

（六）实用性

在设计发展水平发达的国家，实用性设计并不显得那么重要，人们更在意审美和艺术的趣味性。而在中国，可以明显感知到的是，在传统非遗项目中，传统手工技艺创作者似乎更受资本市场和政府的青睐。这很大程度上是因其可直接生产具备实用价值的产品，而且是千百年来得到传承和验证、受到人民喜爱的产品。鉴于这样的国情，消费者在选择购买产品时更倾向于具备实用价值的产品。文创产品的实用性虽然不是必要选项，但应是设计者的重点考量维度。

（七）共生性

在全球化发展的今天，保持文化独特性和多样性尤为重要。非遗研究、工艺技术、设计创新这三者的有机融合是中国本土文化创意产品发展的有效途径。开发非物质文化遗产创意产品的意图十分明确，就是要利用好非物质文化遗产资源进行创新设计，高质量产出文化创意产品，服务现代社会，创造文化价值。在"非遗文创"中，非遗与文创产品形成了共生互利的关系，"非遗文创"得以形成的关键在于非遗"本真"的保持。从非遗到文创，存在或多或少的创意变化，而在"万变"之中的"不变"就是非遗"本真"。共生性问题的解决，有利于非遗文化的保护，也有利于文创产业和经济的发展。

二、非物质文化遗产创意产品的分类

文化创意产品所涵盖的范围和内容十分广泛和丰富，对目前市场中的文创产品进行分类，能够让大家更加系统地认识文创产品，也有利于今后在开发文创产品时整体把握，寻求更佳的研究

方向。文创产品其实是一个比较广的概念，对于其内涵和外延学界业界也未能形成清晰的界定。对文创产品的研究主要是依据艺术设计专业的设计实践，对文创产品的分类也主要是从艺术设计的角度进行考量。主要从 4 个方面进行分类：基于产品的设计对象分类、基于产品的材料工艺分类、基于产品的市场需求分类以及基于产品的功能分类。这里我们从产品设计的角度着眼，按照产品属性将非遗文创产品分为 3 类。

（一）手工艺文创产品

手工艺文创产品是通过人们发挥主观能动性、利用手工技艺创作的文化创意产品，这类文创产品的价值具体表现在材料的选择和手工艺人的技艺上。一方面，加工原料是手工技艺的载体，便于加工的原料利于更好地展现技艺，珍贵的原料会提升产品的价值；另一方面，看似普通的加工原料在手工艺人精湛技艺的加工后，能带来远超过自身的艺术价值。织锦、刺绣、木雕、竹编等均是常见的手工艺文创产品表现形式，随着科技的发展与时代的进步，越来越多的新材料和新的加工手法也被运用在手工艺文创产品中，赋予其更多时代特征（如图 2-1）。

图 2-1 海南贝雕手工艺文创产品

（二）工业化文创产品

工业化文创产品是近代工业化大生产的产物，首先具备一定的产品功能，其次将文化元素运用在工业化产品的开发中，为没有情感的机器产物增添了人文气息。这类文创产品最大的优点便是可以批量生产，并且产品的质量也可以通过多种方法得以控制。工业化文创产品是文创产品中所占比重最大的一类，以生活用品、办公用品、馈赠礼品等为主（如图 2-2）。

图 2-2　黎锦图案现代工业化陶瓷产品

（三）艺术衍生文创产品

艺术衍生文创产品是艺术作品的产品化延伸，人们从国内外不同时期的艺术作品中汲取元素，或直接运用作品的表现内容，或模仿其创作手法，或将多种艺术元素融合……通过多种方式，将古今中外的艺术作品与产品相结合，形成具有传递文化元素功能的商业产品。这里所说的艺术衍生品，主要是基于影视娱乐、艺术家作品、动漫 IP（知识产权）等衍生出来的文创产品。这类文创产品不仅可以是真实存在的，也可以是虚拟的。艺术衍生文创产品，它来源于艺术品本身，却改变了艺术品的自主性、个体性、不可复制性等属性，成为具有审美价值的可批量生产的一般性商品（如图2-3）。

图 2-3 海南省博物馆艺术衍生文创产品

第二节 黎族非遗文创产品的现状与未来

　　2014年3月，国务院印发《关于推进文化创意和设计服务与相关产业融合发展的若干意见》，就加快推进文化创意和设计服务与实体经济深度融合作出明确要求，提出到2020年，文化创意和设计服务的先导产业作用更加强化，基本建立与相关产业全方位、深层次、宽领域融合发展的格局。"十三五"以来，海南省文化创意产业建设和非物质遗产保护工作取得了令人瞩目的进展，

在非遗立法、非遗文化产业园区建设、非遗保护示范基地建设、文化创意企业扶持、黎族非遗传统工艺振兴、黎族非遗宣传推广等方面得到了积极有效的推进。总体而言，海南处于发展与机遇并存的阶段。

一、黎族非遗文创产品的开发现状

近年来，海南省政府部门高度重视文化产业，呈现出固定资产投资规模持续扩大、投资主体多元化趋势明显、社会资本进入文化产业的步伐不断加快等良好势头[①]。但通过对比近几年来创意设计服务营业收入情况，暴露出海南创意设计与服务行业乃至整个文化创意产业发展不成熟、持续增长性较差的问题（图2-4）。海南文化创意产业普遍存在产业链不完备、产品的附加值不高、缺乏成熟的商业运营模式等问题[②]。加之海南文创企业成长周期短，整体实力弱，缺乏开拓国际市场的意识和经验，导致海南文化创意产业出口缺乏具备核心竞争力的文化产品。文化创

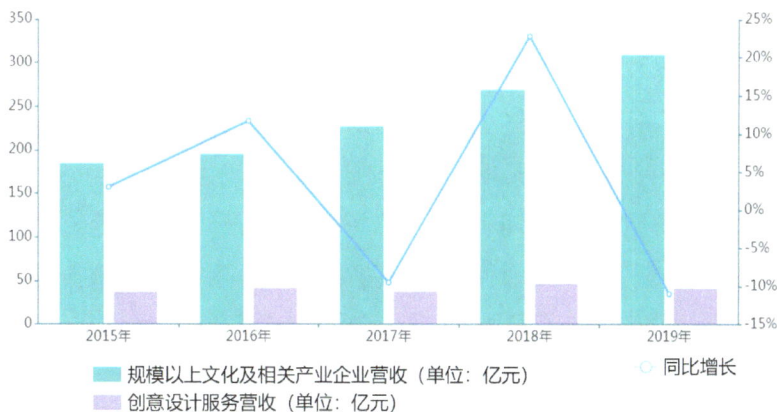

图2-4 海南省2015—2019年创意设计服务营业收入情况

[①]李辽宁, 涂刚鹏.海南文化发展30年的成就与展望[N].海南日报, 2018-05-09（A8）.
[②]徐小俊, 张海东.海南国际旅游岛文化创意产业的国际经验借鉴及发展策略建议[J].中国民族博览, 2018(1): 37-41.

意设计与服务行业的滞后发展势必会影响黎族非遗文创产品的投资、研发和销售。

在海南自由贸易港、国际设计岛发展背景下，在海南文创产品匮乏的现状下，如何更好地传承黎族非遗，在保证原真性的前提下对非遗项目加以发扬光大，做足"非遗文化"的文章，更好地开发黎族非遗文创产品，是目前急需研究的问题。黎族非遗传统技艺作为少数人掌握的精英技能，不能只停留于博物馆，不能只是孤立静止的保护，而应该加以利用，对其文化进行开发性保护，在发展中促进保护，以此满足现代社会和现代人的文化需求。目前，海南黎族非遗文创产品存在以下几方面的问题：

（一）黎族非遗文创产品开发模式单一

海南省黎族非遗文创产品的开发总体上处于初步探索阶段，未能形成良性发展的产业链条，没有产生良好的经济效益。黎族非遗的保护传承与开发利用的方式极为单一。文创产品在开发主体上主要依赖于非遗合作社、非遗基地企业甚至是非遗传承人个人，在开发模式上，主要采用自主开发、企业合作、代工贴牌的形式。2021年8月，笔者在五指山市黎锦传习所调研时，正赶上当地政府部门组织该市的省、市级黎锦非遗传承人集中学习缝纫技术，目的是让当地织娘能够掌握服装、箱包等产品的设计与制作技能（图2-5）。有些非遗传承人除了忙生产还要负责产品研发和推广销售，开发模式因循守旧、各自为战，缺乏创新意识。目前，海南缺乏知名的创意设计公司专门针对黎族非遗旅游文创产品展开系统化研发设计。极个别非遗基地和公司采用合作委托研发的模式从事黎族服饰的设计、生产和销售，但其他类型的黎族非遗项目并没有得到有效开发利用。一方面，由于社会资金参与度低，旅游文创产品市场未完全打开，很多文创企业和设计师都没能触及黎族非遗文创产品的开发；另一方面，现有的企业没能利用好现有的资源优势整合营销驱动、"互联网+"驱动等多方面创意驱动模式拓展开发路径。

图 2-5 五指山市组织黎锦非遗传承人学习产品设计与制作技能

（二）黎族非遗文创产品市场底子弱、分化明显

据统计，2021 年海南省专业旅游商品企业超过 170 家，品类涉及旅游食品、旅游茶品、旅游饮品、旅游工艺品等 20 个大类[1]。海南旅游商品市场长时期以旅游工艺品、旅游纪念品、土特产为主。从新港码头到 DC 城负一楼，再从海口各大古玩城到三亚的各大景点，随处可见的是椰雕、贝壳、椰子粉，却很难发现具有文化创意和设计感强的非遗旅游文创产品（图 2-6）。由于企业的开发投入少，非遗类旅游商品的新品缺乏，自有知识产权的旅游文创产品寥寥无几，市场竞争力不足，产品附加值低，往往不被游客市场所认可[2]。

---

[1] 赵优. 用旅游商品讲好海南故事[N]. 海南日报，2019-02-27(A11).
[2] 陈斌. 旅游商品大视野[M]. 北京: 中国旅游出版社，2017: 3.

图 2-6 海口市骑楼老街旅游商品店铺

随着文化创意产业强劲的发展势头，这种现象正在逐步扭转。政府也在积极引导企业把海南文化做深做透，促使海南省旅游商品逐渐告别"纪念品时代"。在调研中，我们发现海南一大批过去从事旅游纪念品或民族传统手工品设计、生产、加工、销售的旅游商品开发小微企业注销或吊销。调查统计了58家从事旅游商品开发相关的小微企业，其中吊销和注销的企业有34家，占比58.6%。与此同时，近年来成立了一批新的文化创意设计与服务型企业，且数量逐渐增多。与之前旅游商品开发企业截然不同的是，文化创意公司的存活率非常高。调查统计了31家文化创意相关的小微企业，仅有1家企业注销了营业执照。这说明海南文创企业相比传统工艺品企业更加适应新时代的海南旅游市场需求。但即便如此，从整体来看，目前海南文创企业仍然反映出规模小、底子薄、开发产品类型少的特征。

此外，黎族非遗文创产品市场呈现出黎锦文创产品独大、文创产品价格分化明显的问题。2020年11月，海南锦绣世界文化周在海口骑楼老街成功举办。这场由海南省旅游和文化广电体育厅以及海口市人民政府联合主办的非遗秀，让世人了解到黎锦非

遗在传承、创新融合中散发的全新活力，看到海南黎锦服饰创新设计的魅力和黎族非遗的产品附加值。但这样的活动在其他黎族非遗项目上鲜有体现，社会关注度和参与度相差甚远。一方面，黎锦技艺作为海南唯一的世界级非遗项目，得到政府和企业的广泛关注和资金投入，黎锦文创产品开发的发展势头迅猛，但其他黎族非遗文创开发却停滞不前，黎族民间故事、黎族舞蹈等除黎锦、黎陶外的其他传统技艺类非遗项目的文创产品开发和产品转化几乎处于真空状态；另一方面，在开发的黎族非遗文创新品中，融入黎锦元素的现代服饰售价可到上万元，而通过其他黎族非遗元素开发的杯垫、钥匙扣、纸胶带，售价则从几元到几十元不等。由于文创产品开发数量和类型少，商品缺少层次过渡，分化十分明显。

（三）黎族非遗文创产品开发出现"转化难，销售难"现象

如何将"海南黎族礼物"做大做强，是当前海南省政府、企业、设计师都在思考的一个问题。黎族非遗文创产品本身不缺乏文化资源和利用空间，在开发中，其核心内容是对非物质文化遗产进行创新性转化设计，而目前产品"转化难，销售难"问题依旧突出。2020 年海南省第五届旅游商品大赛共产生金奖 10 个、银奖 20 个、铜奖 30 个，这其中，由黎族非遗项目转化的产品共有 6 个，无金奖产品。这 6 个产品中有 5 个是由黎锦和黎锦元素转化而成。这充分反映出海南黎锦的保护成就，肯定了黎锦作为创作题材所进行的创新成果转换，但也从侧面说明大量非遗文化资源开发挖掘的不足。如何将黎陶、黎族骨器、黎族藤编、黎族民间故事，通过深层次整理和创意开发打造成具有较强吸引力的"网红"产品，这才是接下来海南黎族非遗保护与开发的工作重点。非遗产品由于其极高的文物收藏价值和手工艺附加值，让很

多旅游消费者望而却步，而已转化的黎族非遗文创产品种类少、实用功能弱、可选择性小成为目前文创商品销售难的主因。

（四）黎族非遗文创产品设计缺乏特色与创新

从目前海南旅游商品市场可以看到，文化创意企业和海南岛各大景区都在文创产品研发上做了很多努力，也出现了一些优秀的文创设计产品，如黎品开发的"功夫黎蛙香插"、天涯海角开发的"DIY黎族风情多功能沙滩包"（图2-7）、海南省博物馆开

图2-7 天涯海角DIY黎族风情多功能沙滩包

发的"热岛系列文创小甜点"。然而，黎族非遗文创产品却一直没有形成自身的特色，无论是企业与企业之间，还是与兄弟省份之间，都呈现出产品同质化现象。在设计类型上，钥匙扣、杯垫、冰箱贴毫无创新，设计类型单一。在设计方式上，一是将传统非遗转化图案或进行品牌包装，就成了文创商品；二是用现代产品张贴传统元素。很多企业和传承人没有真正理解文创产品开发的内涵和设计方法，走入了重文化而轻创意或是不懂如何进行创意设计的死胡同。市面上通过黎族非遗传统技艺衍生出的文创产品

大多具有很强的文化和工艺价值，价格普遍不低，但在产品实用功能设计和创新上缺乏应有深度。

二、黎族非遗文创产品的发展未来

我国是文化大国，对非物质文化遗产的保护已上升为国家战略。近年来，国内掀起了一股非遗研究热潮，研究范围及种类涉及少数民族非遗、地方非遗、非遗保护与传承、非遗田野调查、非遗文创产品等诸多方向。然而，在众多研究成果中，涉及海南黎族非遗文创产品设计、旅游文创产品的研发及成果深度转化等的相关研究却屈指可数。海南黎族非物质文化遗产项目众多，但研究侧重点为黎族非遗的保护与传承、黎族非遗传统手工艺文化、非遗艺术元素应用等方面。从整体来看，对海南黎族非遗文创产品设计与开发方向的研究在深度与广度上仍显不足，今后还有很长一段路要走。

从 2005 年海南省政府公布第一批省级非物质文化遗产保护名录至今，海南始终坚持"保护为主，抢救第一，合理利用，传承发展"的工作方针，积极有效地推进全省非物质文化遗产保护工作。如果说之前十几年海南省旅文厅及省（市）非遗保护中心的工作重点集中在非遗生产技艺的抢救性保护、传承人培养、非遗项目宣传与推广上，那么今后的一段时间，海南黎族非遗将以海南自由贸易港建设总体方案为蓝本，结合重点发展的旅游与文化产业，转变观念和工作重心，推动黎族非遗与互联网、文化创意产业等融合发展；大胆创新，开发设计具有黎族特色的旅游文创产品，利用好黎族独特的非遗话语，讲好海南故事，实现文化与经济共同繁荣发展。

（一）黎族非遗与文化创意产业共融

文化创意产业属于产业发展新阶段的产物，在我国起步较晚，但发展势头迅猛。文化创意产业在内容上包括文化产业和创意产业的外延，但并不是文化、创意、产业的简单组合，而是涉及经济、文化、科技众多领域的融合与渗透，形成一个关联互动的体系。上海市社会科学院部门经济研究所所长厉无畏在其著作《创意产业导论》中提到创意可独立为产业，并存在于一切文化和经济活动之中[①]。正是因为创意活动与生俱来的社会独立性，让其能够同物质与非物质、文化与商业展开融合，并能够超越传统文化产业，成为独立的产业部门。中国人民大学教授金元浦认为文化创意产业的根本观念是通过"越界"促成不同行业、不同领域的重组与合作[②]。这就为黎族非遗文化找到了一扇通向世界和现代社会的大门。非遗的保护与传承中有一个难点就是如何与时代同频共振、如何追求产出的问题。之所以保护非遗，是因为这种代表我们文化特色和传统形态的生活方式已经逐渐远离我们的生活，在现代化进程中逐渐消失[③]。例如，海南黎族人民在过去生活中使用的龙被、树皮衣、骨簪等大批非遗现在都只陈列于博物馆，使黎族文化失去本真性。这种非遗产品的陈列与展示形式实则为物质形态，而非精神意识内涵或"活态"的文化遗产形态。黎族非遗如果仅停留在文化保护与传承层面，不敢大胆迈出传统与历史的圈子，不愿面对现代化、产业化进程，不能重新通过创意升级同现代人生活相契合，势必会离人群生活越来越远，甚至彻底消失，由文化成为文物。

---

①厉无畏.创意产业导论[M].上海:学林出版社,2006:9.

② 金元浦.创意产业的六大特征[EB/OL].(2016-12-12).https://www.sohu.com/a/121307383_558429.

③陈华文.关于新时期非物质文化遗产保护与开发的思考[J].浙江师范大学学报(社会科学版),2007(3):17-20.

学者白远认为文化创意产业是源于文化元素的创意和创新，经过高科技和高艺术的加工形成的具有规模化生产市场潜力的产业[1]。黎族非遗项目充满丰富的文化内涵与文化元素，这些民族文化遗产本身富有特定的文化价值，再运用创意技术创新对文化领域深层渗透并带来文化大规模生产，也进一步拓宽了创意扩散的广度和深度。在此条件下，创意依附于任何实物载体，充当着经济发展的"智力先驱"，并形成产业增值[2]。非遗与文化创意产业相结合能够实现传统文化从小众化到大众化的转变，这一转变意义深远。非遗的传承除了要发扬其内在的文化支撑，更需要与现代创意设计结合，充分利用文化创意产业低能耗、高效益的产业性质，为创意人群施展创造力提供根本的文化环境和市场环境，也为文化资源的传承提供创意的土壤。非遗经过文化创意产业的继承和应用，以一种平易近人的方式出现在日常生活中，能够在现代市场竞争中占有一席之地，更好地传承下去[3]。

（二）黎族非遗与文化创意产品共生

"共生（symbiosis）"一词原本是生物学上的专用名词，又叫互利共生。学者李倩将生物学上的"共生关系"借用到文化遗产保护的研究中，她提出文化遗产不是孤立存在的，并从多个角度诠释了文化遗产在社会、经济、生态中的整体关系和作用[4]。黎族非遗多留存于黎族人的生活方式之中，经世代传承至今形成传统文化，属于活态文化。在古代，黎族非遗物品作为黎族人所生产和使用的器物，是经过他们的智慧创造而成。因此，黎族非遗项目与其物质传承空间在一定程度上也形成了互相影响、互相

①白远.文化创意产业价值核心的经济学与案例分析 [J].黑龙江对外贸易, 2009(1):97-100.
②吴存东，吴琼.文化创意产业概论 [M].北京: 中国经济出版社, 2010:9.
③吴琨.工业设计"心理组块"原理的新会葵艺灯设计研究 [J].工业设计, 2016(7):60-62.
④李倩.文化遗产保护"共生模式"研究:以江西婺源为例[J].江西社会科学,2018(7):249-253.

制约的互利共生关系。非遗有物质形态的一面，两者互为因果关系。没有非物质的层面，不能达至物质的伟大，而没有这种物质文化层面的伟大，则无以体现非物质文化层面的意义和价值①。

清华大学柳冠中教授曾在《中国方案与中国的设计思维逻辑》报告中讲道："我们的老祖宗传承下来的传统工艺与文化在当时都属于一种技术创新。因此，设计师应当继续发扬创新精神，不能只是一味地继承。"从中我们得到的启发是：在处理非遗与现实生活关系时，应当利用共生原理，打破固化的继承思维，用创造、再造等手段去顺应时代的发展，让非遗得以新生。以创意思维方法、产品设计程序等方式，将非遗文化转换为文化创意产品。当非遗文化创意产品作为市场经济中的旅游商品出现时，通过大众去品鉴非遗、购买非遗文创产品，才能够让看似遥远的传统与非遗精神重新回归生活、让非遗活过来，这才是对非遗文化最好的传承与保护。

黎族非遗传统文化与现代文化生活本存在隔阂，创意设计的目的就是要找到打破隔阂的方法。在非遗文创产品开发过程中，文化主体是否受欢迎的关键在于能否以独特的思维、理性的本土化形式、开放的文化心态来创新式保护自己的传统智慧，并在现代世界多元文化格局中拓展出自己良好的生存空间②。这一生存空间指的就是市场。此时，文化创意设计将作为连接市场与非遗文化的桥梁，生产出各类文化创意产品。这些产出品远远超出大众消费的文化产品范畴，还包括文化与科技生产过程中的中间产品，它们具有独特的审美特征、内涵及实用价值③。黎族非遗向文化

---

①陈华文.关于新时期非物质文化遗产保护与开发的思考[J].浙江师范大学学报(社会科学版),2007(3):17-20.

②王道.人类学视野中非物质文化遗产的创新式保护[J].非物质文化遗产研究集刊,2021(3):52-54.

③厉无畏.创意产业导论[M].上海:学林出版社,2006:9.

创意产品转化大致有两种方式，一是把文化创意变成产品；二是将传统的产品通过文化创意内涵来加值。实质上，前者是把文化变为商品，后者是把商品变成文化。无论我们选择哪一种方式，文化创意产品都需要通过创意与审美加工走向市场。文化创意产品不仅是普通的实物产品，也是融合文化元素的情感产品。现代设计更加强调人文要素，如本土化、个性化，并通过创意设计传递出产品背后的故事和文化内涵。

（三）黎族非遗文创产品与海南旅游业发展协同共进

海南因其优越的气候条件和独具特色的自然资源吸引了大批国内外游客。特别是国际旅游岛战略实施之后，让海南旅游市场呈现良好发展势头。建设过程中各项优惠政策和创新制度的落实，为海南旅游经济的增长注入了新的活力。在 2019 年，海南省接待国内外游客 8311.20 万人次，同比增长 9%，其中入境过夜游客 143.59 万人次，同比增长 13.6%，实现旅游总收入 1057.80 亿元，同比增长 11.3%，旅游总收入首次突破千亿大关（海南省统计局，海南统计年鉴 2020）。但与广东、江苏、山东等旅游总收入破万亿元的省份相比，还存在巨大差距。

文化是旅游的灵魂，是发展旅游业的根基所在。独具海南特色的黎族文化又是构成海南文化的核心部分[①]。美国著名人类学家格雷本教授曾经论断："越是濒临灭绝和消亡的东西，越吸引当今的都市旅游者。"由此可见非物质文化遗产资源旅游开发的重要意义。加强海南文化遗产的有效保护和合理利用，是推进海南生态文明建设及以旅游业、现代服务业等各项事业发展不可或缺的重要因素。2020 年 12 月 4 日，中共海南省第七届委员会第九

---

①李海娥,熊元斌.黎族文化保护与开发:基于国际旅游岛建设的背景[M].海口:南方出版社,2018:16.

次全体会议通过《中共海南省委关于制定国民经济和社会发展第十四个五年规划和二〇三五年远景目标的建议》（下称《建议》）。《建议》中指出将推进海南旅游业、现代服务业、高新技术产业三大主导产业加快发展，建设具有世界影响力的国际旅游消费中心。政府部门将系统推进全岛国际化、旅游化改造，建设满足国际旅游消费需求的数字信息平台，提高"吃住行游购娱"六大要素供给水平，开发特色旅游商品[①]。

黎族非遗文创产品作为具有民族特色的旅游商品，不仅拥有较高的民族文化价值，还蕴含着极为丰富的旅游经济价值。开发黎族非遗文创产品，不仅能够丰富当地的旅游资源开发类型，而且能够营造旅游地的文化氛围，提高旅游者的文化体验质量[②]。黎族非遗文创产品同时作为旅游商品，承担着满足旅游者购物需求和传播黎族文化的任务，是旅游形象的物化。黎族非遗文创产品的开发与经营可以带动当地的旅游业、服务业、手工业的发展，助力少数民族贫困地区脱贫致富，拓宽黎族非遗的生存空间，推动黎族非遗的产业化发展。

---

①海南省人民政府网站.中共海南省委关于制定国民经济和社会发展第十四个五年规划和二〇三五年远景目标的建议 [EB/OL].(2020-12-08).http://www.hainan.gov.cn/hainan/ldhd/202012/4bba09d545ce4d7d9028b4f2e325bc24.shtml.

②董国皇.海南黎族非物质文化遗产保护与开发[J].前沿,2011(3):161-163.

第三章
黎锦非遗技艺概述

　　海南省是中国最南部的一个省份，其陆地主体为海南岛。在海南岛这个海岛上，黎族先民掌握了棉麻纺织技艺，并传承至今。黎族传统纺染织绣技艺（Li brocade technique）是中国乃至世界上最为古老的纺染织绣技艺之一。2006年，黎族传统纺染织绣技艺入选中国第一批非物质文化遗产保护名录。2009年，联合国教育、科学及文化组织又将黎族传统纺染织绣技艺列入第一批《急需保护的非物质文化遗产名录》（图3-1）。这标志着海南省黎锦技艺保护工作进入新的阶段，使得黎锦这一民族文化瑰

图3-1 黎族传统纺染织绣技艺世界非物质文化遗产证书

宝得到广泛传承、传播和弘扬。作为黎族整体的标志物，黎锦蕴含着丰富的文化内涵，是在活态流变之中贯穿古今岁月的见证。黎锦作为黎族传统文化的精髓，凝聚了黎族历史、宗教、文化、艺术等多方面的元素，具有独特的文化价值、审美价值、情感价值以及经济价值。

　　本章首先简要介绍了研究内容的地域与场地，包括在调查研究中所涉及的实地考察场所；其次对黎族与黎锦技艺进行了简要描述；然后对黎锦的生产工艺和图案艺术进行了概况性的描述，为后文黎族传统面料的文创产品设计以及可持续开发研究奠定基础。

第一节 黎锦的地域与场地描述

　　黎族人民聚居在海南岛中南部这片群山与丘陵起伏的地区，包括五指山以及鹦哥岭、黎母岭、霸王岭等海南岛著名的山区地带，人们通常将这一区域称为黎族地区。海南中部五指山腹地地势高耸，为海南岛最高山脉，海拔 1867 米。岛内各大河流都发源于中部山脉，河流所到之处，散布着大小不一的丘陵性盆地、河谷台地以及滨海平原（西南部）。这些地方也成了黎族村落的主要选址（如图 3-2）。黎族地区主要包括三亚市、五指山市、东方市、琼中黎族苗族自治县、保亭黎族苗族自治县、陵水黎族自治县、乐东黎族自治县、昌江黎族自治县、白沙黎族自治县。本研究所涉及的考察与调研的区域和场所主要有以下几处：

图 3-2 海南省东方市俄查村船型屋建筑

一、传习所

黎族传统面料传习所是传承和传授黎锦技艺的最基本的场所，是黎族传统纺染织绣技艺项目保护的必要措施，其受众面涉及每一个黎族传承村。根据海南省政府文化主管部门的要求，每个传承村要建设一个不小于 100 平方米的传习所，用于开展黎族传统纺染织绣技艺的学习培训。截止至 2020 年 11 月，海南省一共建设了 45 个黎锦传习所。本次重点考察的传习所有五指山和白沙地区的黎族织锦传习所（如图 3-3、图 3-4）。其中，五指山市黎族传统纺染织绣技艺传习所由黎锦国家级非遗传承人刘香兰挂牌成立（图 3-5）。传习所组织附近的妇女学习黎锦技艺，并且通过商业运作，从事黎锦相关产品的生产贸易，为当地织女提供了稳定的收入，提升了黎族妇女学习黎锦技艺的热情。在培养传承人的同时，创造经济效益，为乡村振兴贡献价值。

图 3-3 五指山市毛阳镇黎族织锦传习所

图 3-4 五指山市通什镇黎族织锦传习所

图 3-5 五指山市黎族传统纺染织绣技艺传习所

二、传习馆

2010 年，海南省颁布《"黎族传统纺染织绣技艺"保护五年规划（2011—2015）》，规划要求 5 个黎族聚居市县需要在 2013 年之前完成建设面积不小于 300 平方米的传习馆，作为集黎锦传习教学、生产、展示于一体的场所。

5 个场馆中，五指山市黎族传统纺染织绣技艺传习馆于 2013 年 5 月开馆，该馆总投入为 45 万元，占地面积 300 平方米，馆内展示黎锦等展品 342 件，图文展示 66 幅。保亭黎族苗族自治县非物质文化遗产名录陈列馆于 2012 年 8 月筹备建设，2013 年开馆，先后投入国家专项资金 62 万元，占地面积 380 平方米。该馆非独立的黎锦陈列馆，包含了黎族传统纺染织绣技艺传习所和黎族竹木器乐传习所。主要展示自 2006 年以来该县挖掘、搜集、整理的各项非物质文化遗产项目展品，展出实物 209 件，图片展示 72 幅。白沙黎族自治县黎族传统纺染织绣技艺传习馆和陈列馆，于 2013 年 4 月 11 日在白沙宣传文化中心正式落成开馆

（图 3-6）。该馆建设总投资为 82 万元，总建筑面积 450 平方米。其中一楼是传习馆，用于开展黎族织锦传习活动；二楼主要是陈列白沙黎族自治县非物质文化遗产保护项目实物，并配有项目解说。乐东黎族自治县黎族传统纺染织绣技艺传习馆设在该县文化馆一楼，陈列的藏品数量和质量及品种非常丰富。东方市黎族传统纺染织绣技艺传习馆选址在东方市大田镇"三月三"文化生态公园，总面积 780 平方米，于 2015 年 12 月 28 日举行传习馆揭牌仪式。该馆集中展出了东方市黎族五大方言区的非物质文化遗产资源和保护成果，包括黎族服饰、黎锦，以及腰机、脚踏织机等黎族传统纺织工具，展品有 600 多件。

图 3-6 白沙黎族自治县黎族传统纺染织绣技艺传习馆

三、黎锦合作社

黎锦合作社是农民专业合作经济组织，是织娘与客户之间的纽带，它既是黎锦传承与保护的关键组织，也是实施乡村振兴建设、促进农民增收的重要途径。近年来，黎锦产销合作组织和企业增多，截至 2021 年底，海南省产销一体的黎锦合作社增至 40

家，运用该遗产项目进行黎锦生产的企业超过 100 家。本研究调研的黎锦合作社主要有以下 4 家：五指山传艺织娘黎锦专业合作社（图 3-7、图 3-8）、白沙灿然黎锦合作社（图 3-9、图 3-10）、东方市大田美孚黎锦农民专业合作社（图 3-11、图 3-12）、三亚北山黎锦手艺农民专业合作社。

图 3-7　五指山传艺织娘黎锦专业合作社室外

图 3-8　五指山传艺织娘黎锦专业合作社室内

图 3-9 白沙灿然黎锦合作社室外

图 3-10 白沙县灿然黎锦合作社室内

图 3-11 东方市大田美孚黎锦农民专业合作社室外

图 3-12 东方市大田美孚黎锦农民专业合作社室内

白沙灿然黎锦合作社社长张潮瑛带领 40 多名当地织娘线下创业，线上直播卖货，2019 年全年营业额达到 100 万元，利用合作社加电商模式，实现共同致富。三亚市北山黎锦手艺农民专业合作社成立后，定期举办黎锦制作技能培训班，一方面向学员发放织锦工具，一方面通过理论和实操教学黎锦文化，提升学员们的黎锦制作技艺。目前，该黎锦合作社已吸纳 10 余名村民加入，在带动黎锦产业发展的同时，也带动织娘们在家就业，实现经济增收。东方市大田美孚黎锦农民专业合作社负责人符其荣大学毕业返乡创业，经过 3 年的发展，现有 73 名大田镇妇女加入合作社，其中建档立卡脱贫户织娘有 33 名。通过线上线下相结合的方式，2021 年该合作社实现销售收入 50 万元。五指山传艺织娘黎锦专业合作社成立于 2007 年，主要根据订单情况，将工作分配给织娘，完成后再统一回收。合作社社长黄慧琼无偿提供织锦工具和原材料给织娘，在教授织娘织锦技术的同时还帮她们寻找销售渠道，至今已帮助 19 户农户增收致富。

四、博物馆与展示馆

海南省博物馆位于海口市国兴大道南侧，由一、二期建筑构成，总建筑面积近 43000 平方米，占地面积 60 余亩。2008 年 11 月 15 日，海南省博物馆新馆正式落成开放（图 3-13、图 3-14）。2017 年 5 月，二期 3 个基本陈列"南溟泛舸""方外封疆""仙凡之间"对外开放。该馆展厅数量多达 20 个，最大的展厅面积达 1200 平方米，最小的展厅面积近 230 平方米。其中，"仙凡之间"展厅主要展示海南风情，黎族织锦主要在此厅展示。海南省博物馆还设有文创中心，文创商店海博堂位于博物馆一楼，为海南文化"带货"（图 3-15）。

图 3-13　海南省博物馆室外

图 3-14　海南省博物馆室内

海南省民族博物馆始建于 1981 年秋，位于海南省五指山市。这座具有民族特色的博物馆是目前海南省收藏黎族非物质文化遗产实物质量最高、数量最多的博物馆。该馆设有专门的大型黎锦和黎族服饰展示馆，还设有文创产品销售点，黎族元素应用的文创产品有近 100 种类型（图 3-16）。

图 3-15　海南省博物馆文创产品商店海博堂

图 3-16　海南省民族博物馆室外

　　海口市非遗文化展示馆位于海口骑楼老街（图 3-17、图 3-18），是一个展示海南非遗文化的重要窗口。该馆以"琼风遗韵·匠心传承"为主题，秉承"活态传承、留住手艺、留住文明记忆"的原则，透过社会、生活、生产 3 个方面讲述传统戏曲、传统技艺、传统饮食等海南非遗故事，将海口市的传统文化与民俗特色展现在世人面前。

图 3-17　海口骑楼老街

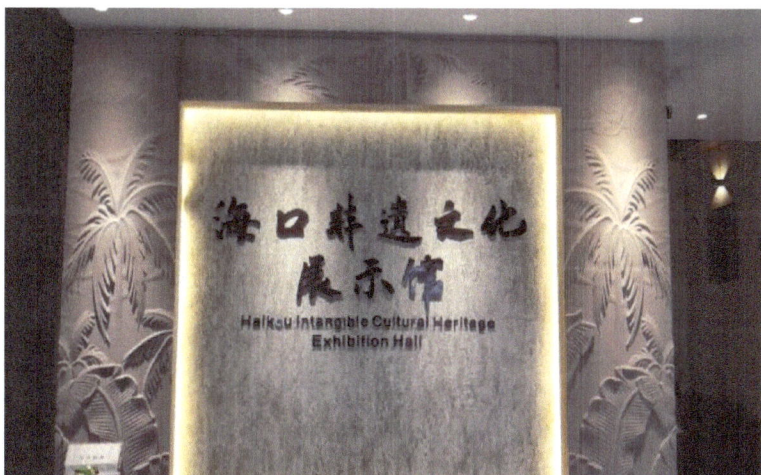

图 3-18　海口市非遗文化展示馆

五、社会展示场馆

海南槟榔谷黎苗文化旅游区创建于 1998 年，地处三亚市与保亭黎族苗族自治县交界处甘什岭自然保护区境内（图 3-19）。它是国家级非物质文化遗产生产性保护示范基地、国家 5A 级旅游景区，是一个多民族、多文化、多形态的，集观光游览、休闲娱乐、文化展示为一体的多元型复合式旅游风景区。槟榔谷不仅拥有宏大的规模，更是秉承"挖掘、保护、传承、弘扬海南黎苗

文化，使其生生不息"的使命，向世界再现了海南千年的黎族文明，是海南原住民文化的传承者和创新实践者。园区内专辟有麻纺馆、棉纺馆、黎锦龙被馆，10多位黎族阿婆长年在园区内进行黎锦织作展示（图3-20）。2013年，海南省文体厅（今旅文厅）将其命名为"海南黎族苗族非物质文化遗产展示基地"。

　　黎锦坊文化艺术展厅早期位于海南省图书馆内，隶属于海南锦绣织贝实业有限公司。海南锦绣织贝实业有限公司成立于2005年7月，公司自成立起，即致力于"寻找黎锦有效保护途径"（图3-21、图3-22）。公司获评国家级非物质文化遗产"黎族传统纺染织绣技艺"生产性保护示范基地，先后在五指山、琼中、乐东等地设立黎锦培训基地，培训黎族、苗族妇女近3000人次，有效改变了黎锦技艺青黄不接的现状，是海南最早也是最大的一家集黎族织锦传承、挖掘、研发、保护和制作为一体的专业公司。黎锦坊展厅展出的黎锦物品有文物家用类、画框类、壁挂类、挂轴类、服装服饰类、商务礼品类等近200种。

　　五指山百扣黎族文化产业开发有限公司成立于2013年8月，主要从事黎锦、黎族手工艺品、黎族文创产品的开发和销售。

图3-19　海南槟榔谷黎苗文化旅游区

图 3-20 槟榔谷园区内黎族老人进行织锦展示

图 3-21 海南锦绣织贝省博物馆商店

图 3-22 海南锦绣织贝实业有限公司总部展示厅

第二节 黎族与黎锦技艺描述

一、黎族

黎族是海南岛上最早定居的民族，是中国有着悠久历史的少数民族之一。据历史考证，海南黎族的远古祖先从中国大陆沿海地区迁入海南岛，与我们南方的壮、侗、水、傣、瑶、布衣等民族有密切渊源，是从古代南方的越族发展而来，并与百越西方部分的一支 —— 骆越有关联。黎族是一个社会文化形态独特的海岛民族。历史上"黎"这一专有族称始于唐末，自宋代以后有"熟黎"和"生黎"之分："熟黎"是指毗邻汉族地区而居的黎族人，受到汉族生产生活方式的一定影响，有的"熟黎"甚至慢慢转化和融入了汉族社会；"生黎"是指那些因居住在高山峻岭之中未被封建统治纳入管辖的黎族人，主要生活在五指山腹地。明清时期，封建生产方式逐渐向中部山区普及推广，"生黎"之说也在清代最终消失。黎族在历史上没有形成自己的文字，但拥有本民族的语言，属于汉藏语系壮侗语族黎语支系（图3-23）。

图3-23 海南省黎族五大方言妇女服饰 槟榔谷旅游景区拍摄

二、黎族传统防染织绣技艺 —— 黎锦

在中国，纺织文化源远流长、丰富多彩，这在非物质文化遗产上可见一斑。京绣、苏绣、蜀锦、云锦……数不尽的智慧犹如一条锦带，串联着中华民族的传统文化，辉映着上下几千年的时光脉络（如图 3-24）。截至 2021 年，我国已公布 5 批国家级非物质文化遗产代表性项目，共计 1557 项，其中，纺织类国家级非物质文化遗产项目 211 项。此外，我国入选联合国教科文组织人类非遗名录（名册）项目共 40 个，中国传统桑蚕丝织技艺、南京云锦织造技艺、黎族传统纺染织绣技艺 3 项纺织类非物质文化遗产项目列入其中[①]。

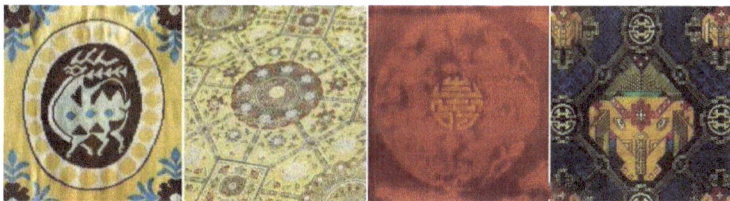

图 3-24 蜀锦、宋锦、云锦、壮锦图案

锦是中国古代丝织物中最高水平的代表物，织锦工艺历史悠久，文化底蕴深厚。考古研究证实，西周时期的丝织物中出现织锦，花纹五色灿烂。春秋战国时期，随着织机和织造工艺的不断改进，织锦生产技艺也得到一定发展，无论是技术水平还是产量与质量都有所提高。战国时期的锦织物已由单色锦发展到两色、三色锦，在结构上创造了三重经的重经组织，使花纹循环量增大[②]。到了汉代，设有织室、锦署，专门织造织锦，供宫廷享用。隋代前后，斜纹经锦开始出现，使经锦逐渐向纬锦过渡。唐代时期，在织造工艺上由经锦改进为纬锦，并出现由浅入深的彩

①陈晨. 纺织非遗：穿越千年遇见你 [N]. 光明日报, 2018-12-19（14）.
②张国华. 漫谈中国的古代织锦 [J]. 江苏丝绸, 2003(5):43-44.

色经纬线。中国历代织锦中最典型的品种是蜀锦、宋锦和云锦，它们并称中国古代三大名锦（图 3-25）。从中国古代三大名锦的品种特征看，蜀锦属于经锦，宋锦和云锦为纬锦。织锦的技术特征主要表现在织锦的材料应用和生产加工技术上，织锦艺术效果的产生受到织锦材料和生产技术的制约。织锦艺术属于实用艺术，它具有明显的艺术特征，但与纯艺术不同的是，织锦艺术的体现需要技术与艺术的统一结合。技术是内在的因素，而艺术性则是织锦美观性的外在表达，通过纹样和色彩体现出来。

图 3-25 八达晕花卉纹宋锦（清·仿制件）

民族织锦是地区或民族制织的织锦，制作精美细致，绚丽多彩，具有高超的民族艺术魅力。民族织锦主要用于制作服饰、装饰和实用品的面料，有的下机后稍加整修就是饰品。

出名的民族织锦有蜀锦、云锦、宋锦、壮锦、土家锦、彝锦、侗锦、瑶锦、傣锦、黎锦、苗锦、藏锦等 15 种[1]（图 3-26、图 3-27）。

黎锦技艺，又称为黎族传统纺染织绣技艺，是黎族人民在漫长历史长河中创造的宝贵非物质文化遗产，被誉为黎族传统文化

---

[1]黄修忠 . 中国民族织锦的传承与发展 [J]. 四川丝绸, 2006(1):50.

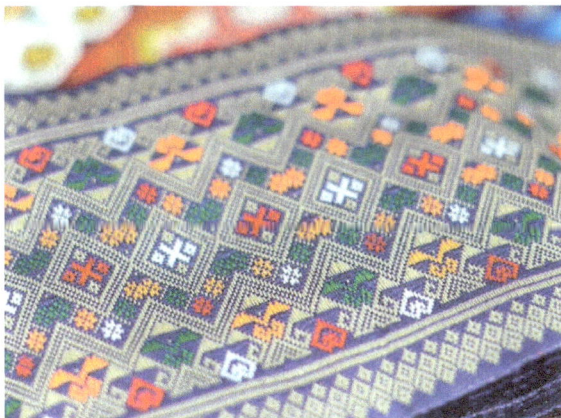

图 3-26 壮族织锦

图 3-27 土家族西兰卡普

的百科全书。它是中国众多织锦技艺宝库中的一种，经历了几千年的发展积累。作为黎族手工技艺的一个重要组成部分，自古以来，黎族的麻、棉纺织工艺被誉为我国纺织业的一大发明，有着丰厚的文化底蕴。它所代表的黎族传统纺织文化，是中华民族优

秀文化中的一个重要组成部分，而且，对整个中华民族的纺织文化和服饰文化的丰富和发展有着不可替代的作用，是人类的共同文化遗产。

三、黎锦的生产工艺

中国纺织学家陈维稷曾将中国纺织技术发展分为 3 个时期：原始手工纺织时期、手工机器纺织时期和大工业化纺织时期[1]。但是黎族纺织技术的发展主要集中于前两个阶段，属于传统的手工纺织技艺，始终保持着极为纯正的传统生产加工工艺，并未使用大量工业化机器进行纺织。制作黎锦的工具在早期极为简单，后来通过生产实践不断摸索才有所改进（表 3-1）。黎族的传统纺染织绣工艺，在工艺流程方面，由纺、染、织、绣 4 道工序组成。从原料的加工处理到纺纱、染线，到最终制成布料，各道工艺独特有序，这使得纺、染、织、绣成为黎锦生产工艺中不可或缺的关键技术。

表 3-1　织锦的生产技术特征与织锦品种的关系[2]

织机类型	织花信息控制	提花蹑	提花控制	人工	织锦品种
原始腰机	水平	无	综杆	单人	早期织锦
斜织机	水平	少	综框	单人	经锦为主
多综多蹑机	水平/垂直	多组合	多综框	双人	经锦、纬锦
束综提花机(小、大)	环状循环	少	花综	双人	纬锦为主

---

①陈维稷.中国纺织科学技术史 [M].北京:科学出版社,1984.
②周起,吴文正.中国古代织锦的技术特征和艺术特征 [J].纺织学报,2008(3):47-50.

（一）纺线工艺技术

在黎族传统的纺、染、织、绣四大工艺技术中，纺是织造工艺技术过程中非常重要的环节，是进行黎锦织造过程中的第一个步骤。此道工序，需要将棉、麻等原料加工成纱线，为后面的织造工序做准备。根据在黎族各方言区的实地调查统计，现在黎族的纺线工具依照工艺流程，依次分为4类，即棉麻初加工工具、纺线工具、导纱工具、辅助类工具。具体的主要工具有手摇脱棉籽机、弹棉弓、纺坠、脚踏纺车、绕线架、拨车等。辅助工具有槟榔叶包盒、葫芦盒、藤编筐、竹筐等。纺的过程有4道工序：棉花初加工、纺线、导纱和上浆。

1.棉花初加工

棉花初加工包括脱棉籽和弹棉2个步骤。脱棉籽，主要由黎族妇女完成，一般有手工和机械2种方式。采棉以后，将棉花中含有的大量棉籽去除，是原料加工的第一道工序。原始的去籽方法就是用手剥，不仅费工，而且效率极低，不能适应一定生产量的需要。在棉花采摘数量较少的情况下，使用手工脱棉籽；当棉花的采摘量较大时，则使用木制脱棉籽机（图3-28、图3-29）。脱棉机的出现极大地改善了这项工艺。

图3-28 黎族脱棉籽机

图 3-29 黎族脱棉籽机

弹棉是棉花去籽后进行的一道工序，黎语称"达贝"。经过此道工序，棉花变得松散均匀，同时可以去除棉絮中的杂质，使棉纤维更加白净、蓬松，利于纺纱。弹棉弓有木制和竹制 2 种类型。弹棉时，一手握住弓，将弦伏于棉上，另一只手拉动弦，弦振动将棉花弹松即可。

2. 纺线

纺线是指将已经弹好的棉花通过竹棍等工具处理成线条，或直接用棉絮纺纱不用搓条。纺线的过程中使用的工具有 2 种：一种是较为简单的纺坠，黎语称为"骂胃"，通过转动纺锤（图3-30）捻纱来完成；另一种是脚踏纺车，黎语称为"下非贝"，纺线效率高于纺坠。纺车由机头、传动轮、皮带、支柱、机架、脚踏杆和锭子等部分组成，并配有坐凳。

图 3-30 纺锤

纺坠纺纱的工艺步骤：右手拿住一团弹好的棉花，先扯出一段用手捻成纱，缠在纺杆上固定，左手握住纺杆在腿上沿逆时针或顺时针方向急速捻搓，随即使之悬空旋转，这时依靠纺轮的自重产生的张力和旋转的力将棉絮拉伸加捻成细纱，与此同时右手不断地将弹松的棉花捻成粗线。当旋转的外力已耗尽时，马上收住纺坠以防止倒转，随即左手握住纺杆迅速将纺好的纱缠绕在纺杆上，并卡在倒钩或缺口处，起定捻的作用。这样一个纺纱的过程不断重复循环，使纱线越纺越长。

脚踏纺车纺纱的操作工艺：坐在凳子上，左手拿着弹松的棉花，先扯一段，用手拉捻成粗纱并缠绕在锭子上，然后双脚蹬踩踏杆，此时纺轮逆时针转动，通过皮带使锭子也旋转起来，这样左手握着的棉花纤维迅速被拉伸并捻成棉纱。纺好一段纱后，纺轮再顺时针运动，右手随即将纺好的纱线按一定动程在张力作用下卷绕在锭子上，绕完后把纱固定在锭子卡口上使之不再松动。如此重复循环操作，使纱线越纺越长（图3-31）。

图 3-31 三锭脚踏纺车

3.导纱

导纱是棉花纺成纱后进行的一道工序，因为纺好的线易起毛，会造成纱线之间相互打绞；同时限于纺杆或锭子所缠的纱线长度，而上经时纱线的跨度很大，也容易造成错乱，所以需要进行导纱。黎族的导纱工具有绕线架和绕线车等。各个方言区使用的绕线架多为竹制或木制，常见的绕线架结构为"工"字形、"干"字形（图3-32、图3-33）。通常，使用绕线架将纱线束绕成"8"字形，以待上浆或染色。通过将锭子上所缠的纱线绕在一个架子上，同时每绕一圈打一个绞，使纱线有序排列、不会错乱。

图3-32 "工"字绕线架　　　　图3-33 "干"字绕线架

4.上浆

因棉纱属短纤维，较易起毛，所以一般不能直接使用，特别是经线就更加不行了。为了解决这个问题，给纤维上浆是最好的方法，既能解决起毛问题，又能使纱线暂时硬挺而有利于织造。黎族人在进行这道工序时，将导好的纱线捆好后，和"鸭板栗"（一种草籽）、米浆、碎米汁、牛皮等一同入锅加水煮开，然后绞干、晾晒。经这一工序处理后，纱线变得柔软而富有弹性，还增加了牢度，特别是纱线的绒毛被浆料所黏附，因而变得光滑了许多，不再起毛，利于上经穿筘和穿综，而且韧性好、不易断，织物整齐光滑。

（二）染色工艺技术

纺好的纱线在织造前需要进行染色，所以染色主要指的是染纱线。染色是黎族传统纺染织绣工艺技术中较为重要的一个环节。相比其他 3 项工艺，黎族染色工艺技术鲜为人知，完全掌握此项技术的黎族妇女寥寥无几。黎族妇女能够利用种类繁多的天然染料染出缤纷的色彩，所使用的染料来自植物、动物和矿物，但绝大多数还是植物染料。黎族先民在探索自然的过程中，发现各种植物的叶、根、茎内充斥着不同颜色的汁液，它们能够让原本极其朴素的黄白织物变得五彩斑斓，产生令人愉悦的美感，于是在古籍中便有了"织绩木皮，染以草实"的记载。

1. 植物染料染色

黎族妇女常用的植物染料的颜色以黑、青、红、黄、褐五色为主。从染色方法来分，有直接染色、媒染剂染色、还原染色 3 种；还可分为单色染、混合染、复染、套染等。为增加一些特殊效果，在染纱线时，还可采用饼染等工艺手法。各种颜色的纺纱最初是在不同地域发展起来，因地制宜地使用当地丰富的原生态染料助剂进行染色的。比如乌桕叶和乌墨木可以染黑色、蓝靛染青色、胭脂树和苏木染红色、谷木染绿色、黄姜染黄色、牛锥木染褐色，并根据浸染的次数和时长来控制颜色的深浅变化（图3-34、图 3-35）。

在制作植物染料时，常用的方法有浸泡法、煮沸法和造靛法等。浸泡法，是将所采集到的植物原料用木臼捣碎后放在染缸里，加入两倍的清水浸泡一周；再将适量的石灰或经过焙烧的贝壳（螺壳）灰和草木灰用冷水化开，用细筛过滤后加入染缸内混合，搅拌均匀后发酵一周；最后将浸泡的液体倒出用粗布过滤，除去液体中的渣滓便可使用。煮沸法，是将某些植物放在臼中捣碎后，将流出的汁液加水后放在锅中煮沸，然后将纱线或衣物浸

图 3-34 使用黄姜染黄色

图 3-35 使用蓝靛染青色

入其中染色的方法。造靛法是传统的植物蓝染的基本方法，须将蓝草之类的植物捣碎后经发酵才能染色。在染色过程中，黎族人会使用不同的染媒，其中草木灰、田螺灰就是一种常用的染媒，现多用石灰替代。在染色工艺中使用染媒是染色工艺的一大进步。在黎族的染色技艺中，还存在埋染这种特有的染色方法。棉线在锅内染好后，拿到田里，埋进黑土里面，浸埋一个小时至一夜。最后的工序是清洗和晾晒。用同样的染料染后所得颜色色度因熬煮染料的火候、加水的量、熬煮时间、天气和光照等而略有不同（图 3-36）。

图 3-36 植物染色后的棉线

2.动物染料染色

黎族民众通常使用动物的血液进行染色，以猪血和狗血为多。为了让染料不易褪色，需要在动物血液中加入适量的牛皮胶。

3.矿物染料染色

黎族民众常用天然矿物朱砂磨粉制作成红色染料。染色时，一般是采用煮染或浸染的方法，染色后将纱线取出晾干即可。由于矿物原料获取不易，其加工亦相对困难，矿物染料染色在黎族各方言区很少使用。

（三）织造工艺技术

黎锦的织造在黎语中称为"吃"。黎族地区流传的织造工艺流程通常可分为2个步骤：一是上机，即使用绕线架绕好经线，并装上所需的腰织机部件，包括上经、解经、打综等工序；二是变综织纬，即通过提放综杆以控制经线上下交替沉浮，并穿引彩色纬线，最终织成色织布的过程（图3-37）。

图3-37 黎族织锦腰织机

织造工艺按织物结构的不同分为平纹素织和提花织两大类。平纹素织的工艺比较简单，经线、纬线均是清一色的棉纱，但经线、纬线色彩可以是同色或异色。这种棉布质地平整，如果经

线、纬线较细的话，质地就会细腻、柔软。制织提花织物比较复杂，不仅有提综织造，还有局部通经断纬的挖花工艺。黎族的织锦物就属于这类棉织品。此时，提花综起着十分重要的作用，它将显花部分的经线按图案要求提起，形成梭口，从而织入彩纬。在黎锦织造中，提花综与地综交替提织，共同完成织造任务。黎族的特色织锦有单面锦和双面锦，织锦技艺有正织法和反织法。

黎族妇女们在织布过程中所使用的织具通常为木制踞织机，即黎族传统踞织腰机。它由撑经木、分经木、综杆、机刀、梭子、卷布轴、腰带、幅撑、提花综杆和提花刀等部件组成，结构简单，便于操作。踞织腰机所体现的造物手工制作技术非常丰富，简洁的构造、简易的操作、简便的功能，正是这样简单而不起眼的腰织机，被黎族妇女用来创造出五彩斑斓的织锦（图3-38）。

图 3-38 黎族织娘使用腰织机织锦

除了广泛地使用腰机织造技艺外，黎族妇女还使用古老的综版织造技术，以及斜织机（又叫脚踏式织机）来织造黎族土布（图 3-39）。

图 3-39 黎族脚踏式织机

（四）绣纳工艺技术

绣纳，是黎族妇女在已经完成织造的布料上，将预先构思好的图案通过手中的针和彩线反复穿刺，勾勒出各式花纹和图案的工艺技术。大部分的黎锦织物是先织后绣才算完成，如龙被、筒裙、头巾。千百年来，黎族妇女经过不断地探索和经营，民间绣纳工艺获得很大发展，刺绣内容丰富，风格多变，各类刺绣技法很多，主要有平绣、素绣、双面绣（又称彩绣）、补绣、贴布绣、花边挑花绣、连物绣和金银丝缝盘绣等。针绣则以直针为基础，常用的针法有扭针、铺针、插针和十字挑花等，表现出以直线段为主的细长线、交叉线，以及方形、三角形、锯齿形等几何状的连续组合（图 3-40）。

黎族绣纳工艺主要应用于上衣、筒裙、裤、被褥、巾帕等，主要有 2 种形式：一是作为妇女上衣的搭配补片，成为衣服的组成部分；二是作为衣、裤、被褥、巾帕等的纹饰和饰边。

图 3-40 黎族润方言区龙纹双面绣

黎族绣纳工艺的图案纹样很丰富，多采用直线、平行线、三角形、方形、菱形等表现抽象的人物、动物、植物、吉祥文字等，比较多见的是菱形、三角形、梯形等几何形状的对称组合，有单独纹样，也有二方连续和四方连续无限伸展形式。黎族传统绣纳纹样大致分为 3 种类型，即人物纹、动物纹和植物纹，以三联幅崖州被（崖州龙被）、衣背图案、夹牵式筒裙图案为代表（如图 3-41、图 3-42）。黎族传统的双面绣工艺非常精细，针法运用疏密均匀，色彩庄重高雅。白沙双面绣更是以其施针匀细、技法精湛、画面正反如一而著称。

图 3-41 麒凤呈祥图龙被

图 3-42 太极八卦麒凤呈祥图龙被

第三节 黎锦的图案艺术

图案作为装饰艺术，是千百年来人类为美化生活而创造出来的一种艺术表现形式，应用领域十分广泛。在中国历史长河中，从旧石器时期的彩绘岩画、新石器时期的彩陶、战国时期的青铜器，到汉代的画像砖、隋唐时期的敦煌壁画、宋代的瓷器和漆器，再到明清时期的建筑、家具及民间工艺品，等等，都与图案有着千丝万缕的联系。在传统纺织领域的图案艺术更是光辉灿烂。

黎锦在古代有"广幅布""斑布"等多种名称，一直以图案精美、色彩艳丽、做工精细而闻名于世。早在汉代就已被列为珍品、贡品，有"黎锦光辉艳若云"美誉[1]。黎锦的图案纹样最能反映黎族传统文化的特色，彰显黎族妇女丰富的想象力和精湛的技术。

黎锦图案是黎族人民审美意识、文化习俗、宗教信仰及艺术积累等的综合体现，凝聚着黎族人民传统文化艺术的精髓，反映了黎族民众社会生产、生活、宗教、艺术等多方面的精神内涵。如果说黎锦是一部黎族传统文化的百科全书的话，那么黎锦图案纹祥则是这部百科全书上一个个跳跃的字符。以图案为载体，透过丰富多彩的纹样我们能够读懂黎族的历史、精神和文化内涵，理解这一古老民族千百年来的精神脉络和文化传承。可以说黎锦图案的演变历史就是一部完整的黎族发展史。

一、黎锦图案艺术的来源

"艺术源于生活，却又高于生活"，这句话同样适用于黎锦的创作来源。黎族妇女在长期的生活实践中创造出黎族传统面料的艺术图案，用于服饰和生活纺织品。各地区的图案生动形象地展示了他们所处的的生活环境、地理条件与社会活动。例如，生活在山区的黎族妇女多喜欢用树林中的海南鹿、鸟和其他野兽，以及花丛间的蝴蝶、蜜蜂，山坡的小爬虫，梯田边的木棉花、龙骨花等树木花卉作为图案素材；平原地区的妇女则喜欢以江河中的游鱼，池中的青蛙、乌龟，田间的牛羊等动物作为织锦图案素材。黎族妇女还采用多种野生和培植的植物制成染料，将棉纱线染成红、黄、黑、蓝等色彩，织绣出绚丽多彩的图案[2]（图 3-43

---

[1] 邬思敏. 黎族传统织锦纹样的现代运用 [D]. 上海: 东华大学, 2012.

[2] 周菁葆. 黎族织锦中的图案艺术 [J]. 浙江纺织服装职业技术学院学报 ,2007(3):32-34.

至图 3-48）。

图 3-43　黎族美孚方言区人鹿纹样

图 3-44　黎族美孚方言区人骑牛纹样

图 3-45　黎族美孚方言区人骑马纹样

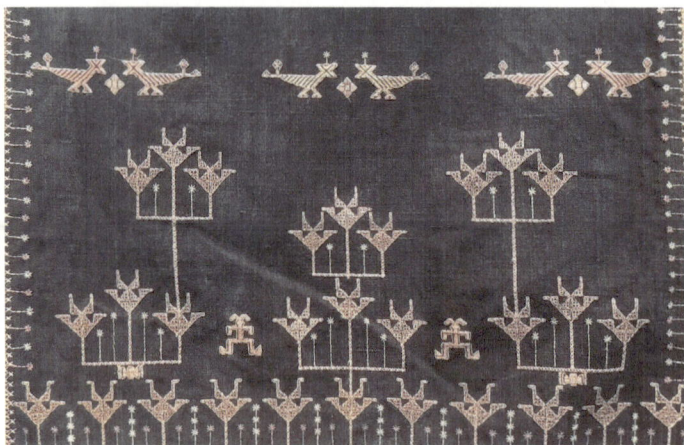

图 3-46　黎族润方言区鸡冠花和鸟纹样

图 3-47　黎族哈方言区龟纹样

图 3-48　黎族哈方言区蝴蝶纹样

二、黎锦图案的分类

黎族传统面料的图案与汉族传统图案大为不同，这是因为黎族人在构思黎锦图案时，往往是将所闻所见的事物通过概括、抽象和夸张的手法，运用丰富的想象力和创造力，以点、线、面为基本表现要素，最终简化为几何图案。他们以丰富的造型和色彩，简洁而富有变化地表现出事物的形态。这些抽象的几何纹样，形成了具有民族特征、地域特色和装饰性的黎族传统图案。黎族传统面料中的图案复杂多变，据研究统计，已经归纳出160多种不同的图案纹样。这些图案按照装饰应用分为两大类：一类是黎族传统服饰图案；另一类是传统单被、壁挂及装饰品上的图案。按照黎族传统面料的织造手法则主要有提花图案、绣花图案、扎经染花图案 3 种。如果按照图案的造型类别来划分，可分为 7 种类型纹样，即自然纹样、人形纹样、动物纹样、植物纹

样、几何纹样、日常生活生产工具纹样和汉字纹样。

三、黎锦图案的特点

　　黎锦图案纹样形态各异、千差万别，尽管五大方言区的服饰特征都有所不同，但仔细归类研究发现，无论是在造型还是在色彩上都存在许多相似性，这些相似性决定了黎锦纹样的基本艺术特征。具体来讲，黎锦纹样的艺术特征主要表现在内容和形式两大方面。

　　在内容特征上，其一，黎锦图案题材广泛，但多以动物纹样为主，其种类涵盖了蛙、鸟、鱼、鹿、牛、鸡、马、羊、猫、螃蟹、龙、狗等 20 种动物纹样，而植物纹样则很少（如图 3-49、图 3-50）。这一现象表明，黎族先民的社会生活与动物的关联比较密切，而与植物的关系则相对较为简单。因而可以推断出，黎锦的成熟期大约是在狩猎文明时期，尚未进入农耕文明时期。其二，复合纹样较少，反映的内容较为简单。复合纹样主要是反映 2 种以上的纹样内容，如赶牛图、婚庆图，但在黎锦图案中，这样的表现形式很少，多为单一纹样（如图 3-51 至图 3-54）。其三，黎锦纹样的主要图案是蛙纹和人形纹。黎锦纹样的题材虽然

图 3-49　黎族哈方言区猫纹和植物纹

图 3-50　黎族杞方言区鸟纹

图 3-51　黎族杞方言区百人纹

图 3-52　黎族哈方言区舞蹈纹

图 3-53 黎族哈方言区哈应人图案

图 3-54 黎族哈方言区婚礼图

非常多，但各种纹样出现的频率不一样，其中出现最多的是蛙纹和人形纹。这与黎族先民的精神信仰有关，如大力神与蛙的形象显示出比较显著的图腾崇拜的特征（如图 3-55 至图 3-60）。

在形式特征上，黎锦图案的艺术表现形式丰富，造型以直线为基本元素，构图多以菱形为基调。以直线作为基本构型，可以使黎锦整体轻盈舒展、动感十足。而菱形风格纹样出现的原因，

主要与黎锦的纺织工艺技术有关。黎族传统面料在织锦时必须利用经线和纬线的搭配来构成图案，在织造上菱形图案相对比较容易。在艺术表现上以抽象为主，只存在少量的具象图案。黎锦纹样图案构成往往只用寥寥几笔，就能够将所要表现的对象传神地呈现出来，简洁明了，没有任何多余的线条，这充分体现出黎族民众对生活的敏锐感知和高度概括。黎锦图案中绝大多数纹样为左右或上下对称，或呈现出并排、对称的规律，体现出一种强烈的秩序感和很强的节奏感。而龙被与双面绣中的图案自成一体，图案元素构图完整，呈现出一种和谐的整体感。

作为非物质文化遗产的黎族传统面料，其图案艺术蕴含的民族历史文化是需要且值得设计师们进行深入调查学习和研究实践的。通过对黎族传统面料中图案艺术特征的深入分析解读，再通过寻找图案背后所蕴含的深层次民族文化语言，将这些符号化的语言与文化创意结合，并从黎族传统图案艺术的表现特征和价值呈现上去进行多维度、全方位的再设计；以文创为外形，采黎族传统图案为魂，通过这种方式去宣传和弘扬黎族传统特色文化，并在保护黎锦图案艺术文化独特性的同时，推进文化发展，让其促进旅游业发展，从而产生一定的经济价值。

图 3-55 黎族龟寿纹

图 3-56 黎族杞方言区人纹和蛙纹

图 3-57 黎族杞方言区人纹和蛙纹

图 3-58 黎族哈方言区人纹

图 3-59 黎族润方言区大力神纹

图 3-60 黎族哈方言区蜻蜓纹

第四章
黎锦非遗的价值与扶持

第一节 黎锦的历史与发展过程

一、黎锦的历史

海南黎族先民早在 3000 年前就掌握了制作树皮布的工艺；到了先秦时期，黎族妇女就会用木棉纺织；汉代，黎锦技艺已经达到了很高的水平；三国时期，黎族先民已经会使用"吉贝"丝绵制作"五色斑布"。宋元之前，由于中原地区长期缺少棉织物，黎锦"广幅布"一般都作为贡品珍品传到中原地区。当时的棉布和丝绸都属于奢侈品，多为统治者所使用，流入民间的极少，也就不被普遍熟知，因而记录的文献也相对很少。宋末元初，我国历史上著名的棉纺织家黄道婆，在海南崖州生活了近 40 年时间，向黎族学习棉纺织技术。晚年她把学成的棉纺技艺带回上海松江乌泥泾地区，结合实践进行改革创新，将当地传统的丝麻纺织工具和技术运用到棉纺织技艺中来，改变了松江一带落后的纺织业，对江浙地区的棉纺织业产生了巨大的影响。在此期间，棉花也由边疆地区迅速推广至中原，黎族的植棉和纺织技术才为大众所知。此后，有关海南黎锦的文献记录也大为增加。宋、元二代，棉纺织业十分发达，工艺精良，品种繁多，棉纺织品成为

海外贸易中的大宗商品。这一时期，文献中记载的黎族纺织品种也逐渐增多，有黎幕、黎单、吉贝布、花被、缦布等。明清时期，黎族纺织业发展到了最鼎盛时期，纺织技术处在当时全国的前列。伴随着本土经济的发展和众多航线的开辟，黎族传统棉纺织布声名远播，成为海内外重要的贸易商品。鸦片战争后，大量洋纱洋布输入中国，很多地区的传统棉纺织业迅速衰落，但似乎对黎族的黎锦纺织业并未产生很大影响。直至 20 世纪中叶，黎族的社会生活仍处于比较原始的状态，始终保持着自给自足的农业生产方式，这让传统黎锦纺织技艺得到了较为完整的保留和传承。

二、黎族织锦的发展历程

中国人利用植物纤维作为纺织面料原材料的历史十分悠久，利用植物原料是中国纺织工艺技术的开端。除棉、麻植物纤维外，黎族人还直接使用树皮来制作面料和衣物。他们使用树皮来制作面料的方式有 2 种：一种有纺，是将树皮经过剥皮、煮练等加工程序后使之成为丝状纤维，再纺成线，织成粗布；一种无纺，是把树皮整片剥下后经过浸泡、拍打等多道工序做成布。黎族传统面料在发展进程中一共经历了 3 个时期。

（一）无纺时代

黎族织锦的始祖是树皮布，它算得上是黎族人民最早的服装面料，也从一个侧面印证了人类穿着从无纺到有纺的发展过程。人类由树叶、兽皮简单披裹到利用刀斧、石拍将坚硬的树皮纤维处理后制成柔软洁白的树皮布料，这是质的飞跃。而这一飞跃，黎族人民又将它延续了 3000 多年。从海南地区考古发现的用于制作树皮衣的"石拍"工具来判断，黎族先人早在新石器时代晚期，就已经掌握了制作树皮衣的技艺。值得一提的是，树皮衣文化不只在海南岛黎族地区出现，在东南亚地区和中南美洲以及非洲西部也同样存在。民族学教授凌纯声于 20 世纪 60 年代在其《树皮布印文陶与造纸印刷术发明》一书中曾提出树皮衣文化起源于中国的假设。凌纯声先生在研究后认为，《史记》记载的"褟布"和《汉书》记载的"答布"均指树皮衣，是中国南方苗蛮等民族的语音音译后的称呼[1]。《后汉书·南蛮西南夷列传》中也有对中国西南少数民族"织绩木皮，染以草实，好五色衣服"的习俗描写[2]。而对黎族树皮衣有明确记载的早期文献出自宋代《太平寰宇记》："……俗呼山岭为黎，人居其间，号曰生黎……绩木皮为布……"[3]清代张庆长的《黎岐纪闻》中也写道："生黎隆冬时取树皮，捶软，用以蔽体，夜间即以代被……黎产也。"香港中文大学邓聪教授分别在 1997 年和 2002 年通过在海南进行的两次实地考察，也赞同树皮衣文化"中国说"起源的论断，并进一步推测树皮衣文化的传播路径是经海南扩散至海外各地。除以上专家学者对海南树皮衣进行了大量的史料研究外，厦门大学的吴春明教授、海南大学的周伟民教授也在树皮衣这一研究领域有所建树。

黎族人制作树皮衣所选的树木主要有见血封喉树（图 4-1）、构树和黄久树 3 种。制作树皮衣的过程相当复杂，大致分为 6 个步骤：剥树皮、浸泡（又称脱胶）、漂洗、拍打、晾晒、缝制。过去黎族人通过树皮绩衣，制作成衣服、被子、帽子、垫子、腰带等物品（如图 4-2）。新中国成立以后，海南黎族人民已经没有身穿树皮衣的习惯。如今，树皮衣的制作技艺也成了国家级非物质

---

①凌纯声. 树皮布印文陶与造纸印刷术发明 [M]. 台北："中研院"民族学研究所, 1963: 5.

②范晔. 后汉书: 卷八六: 南蛮 [M]. 李贤, 注. 北京: 中华书局, 1999: 1915.

③乐史. 太平寰宇记: 卷一六九: 儋州 [M]. 王文楚, 校. 北京: 中华书局, 2007: 3233.

图 4-1 见血封喉树原料

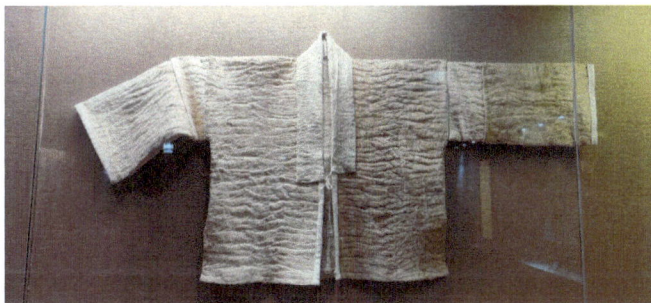

图 4-2 见血封喉树皮服装

文化遗产，但仍然有人会使用树皮衣的制作技艺来制作一些生活用品，如铺垫、织机腰带，这一技艺得以保留至今，实属一种奇迹。

（二）麻纺时代

中国是大麻（Cannabis sativa）和苎麻（Boehmeria nivea）的原产地，苎麻是我国特有的荨麻科植物，被称为"中国草"。在中国古代早期，苎麻被写作"纻麻"，《诗经》中有"东门之池，可以沤纻"[1]的诗句，这里的"纻"指的就是苎麻，"沤纻"则是麻纺技术中所使用的"沤渍法"，是一种通过浸泡麻料

---
①周振甫.诗经译注：卷三：东门之池 [M].北京：中华书局，2002：194.

植物茎皮使其自然脱胶的方法。麻纤维是中国古代较早使用的纺织原料，也是黎族妇女常用的纺织材料。由于海南岛地理与气候条件限制，无纺树皮衣不可能在一年四季中使用，黎族先民便使用纺织工具织麻为布。《汉书·地理志》记载，从合浦、徐闻往南过海，有一片方千里的陆地，也就是今天的海南，汉武帝时期设儋耳和珠崖郡，那里的人们"皆服布如单被，穿中央为贯头。男子耕农，种禾稻纻麻，女子桑蚕织绩"[①]。《诸蕃志》记载，在海南黎族地区的"物产"有"吉贝、苎麻……之属"[②]。由此可见，海南岛黎族人民种植苎麻有着悠久的历史。目前，黎族妇女将苎麻（图4-3）、火索麻（Helicteres isora）、黄槿（Hibiscus tiliaceus）、羊蹄藤（Bauhinia championii）、榼藤（Entada phaseoloides）（图4-4）、大叶麻（Boehmeria grandifolia）等植物的皮扒开，去除外层表皮，多次煮开捶打使其柔软后晒干，再撕成细条，用来编织紧密的网布，称为绩麻。各种麻料根据植物纤维的不同柔韧性和特点被织成麻布（图4-5）用在不同的地方，如苎麻是黎族制作夏衣的常用麻料。在乐东志仲村的哈方言地区，黄槿专门用来织造男性衣服，火索麻和大叶麻多用来

图4-3 苎麻

①班固.汉书:卷二八下:地理志第八下[M].颜师古,注.北京:中华书局,1999:1330.
②杨博文.诸蕃志校释[M].北京:中华书局,1996:216-217.

图 4-4 楻麻

图 4-5 黎族哈方言区树麻布

织造女性上衣和筒裙①。

　　将麻料植物加工成麻布的工艺流程包括了粗加工和细加工两大阶段。粗加工流程包括砍麻、剥皮、捶拍。细加工流程是将粗加工过的麻皮煮练或沤渍、洗净、晒干、搓软、绩麻，经过手搓加捻后，绩接好的麻线最终被绕成麻球。这样加工出来的麻线，按照横竖交叉的方法进行有序排列，最终织造为布。黎族的各类麻织物虽然不同于棉织物那样光辉靓丽，但是从无纺到经纬有别再到纺纱加捻这一技术上的突破可称得上是黎族纺织史上的里程碑②。

---

　　①徐艺乙，邓景华．黎族传统纺染绣技艺：来自田野的研究报告 [M]．海口：海南出版社，2017:78.

　　②金蕾．黎族非物质文化遗产黎锦传统文化研究 [D]．青岛：青岛大学，2016.

　　麻纺织工艺是一项古老的生产技能，它延续的时间悠久，覆盖着整个黎族地区。清朝时期，麻纺织工艺中出现了新的交织技术，麻和丝的交织品轻盈柔软，麻和棉的交织布坚固耐用。由于交织的新技术水平不断进步，交织布的质量越来越好，生产的精细夏布作为贸易货物远销海内外。

　　（三）棉纺时代

　　海南岛是我国传入和种植棉花最早的地区之一，黎族先民很早就使用棉花纺纱织布。战国时期的《尚书·禹贡》中记载："岛夷卉服，厥篚织贝。"[①]这里的"卉服"指的就是木棉布，"岛夷"指的正是居住于海南岛上的黎族。今天海南岛种植的棉纺植物主要有4种，其中木棉（Gossampinus malabarica）和吉贝（Ceiba pentandra）都属于落叶大乔木，草棉（Gossypiumar boreum）和海岛棉（Gossypium barbadense）都属于锦葵科（Malvaceae）植物。清光绪《崖州志》[②]记载："棉花有二种，木可合抱，高可数丈。正月发蕾，二三月开，深红色……有絮茸茸，黎人取以作衣被。"这里说的第一种指的就是红花木棉（图4-6），第二种在文中描述为："高约数尺，四月种，秋后

图 4-6　木棉

───────────

　　①张嶲，邢定纶，赵以谦.崖州志：卷三：舆地志三 [M].郭沫若，点校.广州：广东人民出版社，1983:58.

　　②李学勤.十三经注疏：尚书正义 [M].北京：北京大学出版社，1999:146-147.

即生花结子。壳内藏三四房，壳老房开，有棉吐出，白如箱。纺织为布，曰吉贝布。"这里所说的用来纺织吉贝布的植物就是黎族人种植的草棉，它也是古代黎族妇女用来纺纱织布的主要原料，黎语称之为"贝赛"。"贝"是棉花的意思，"赛"是黎族人的自称，"贝赛"即黎族的棉花。而如今黎族使用的纺织原料主要为20世纪从国外成功引进的海岛棉。因为这种棉纤维细长、韧性好，纺线时不易断，且采摘时间长，产量大，适于纺织高档黎棉纺织品，深受黎族妇女喜爱。正因如此，黎语称这种外来棉为"贝美"。"美"是外来异族之意，"贝美"即外来的棉花。

　　黎族的棉纺织技术的发明稍晚于麻纺织技术，但是也不会晚于西周[①]。《尚书·禹贡》中记载的"织贝"就是后来的"吉贝"，即木棉所织的棉纺织品。晋代裴渊曾在《广州记》中有"蛮夷不蚕，采木棉为絮"的记载。北宋方勺《泊宅编》有："南海蛮人以木棉纺织为布，布上出细字杂花尤工巧，名曰吉贝布。"[②]这些古代文献都详细记载了黎族人民过去使用木棉来纺织成锦的历史。常见的草本棉花原产于印度和南美洲，秦汉以后才经东南亚和中亚传入我国，因此黎锦中所用的棉花最早应该是本地产的红花木棉（图4-7）。

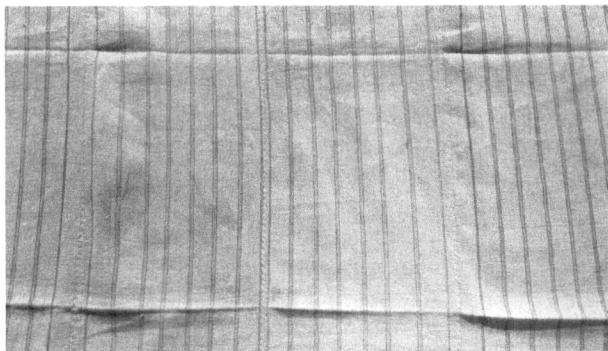

图 4-7　黎族哈方言区罗活人条纹木棉被

①吉明江.东方·黎族文化瑰宝[M].海口：海南出版社，2013:92.
②徐光启.农政全书校注[M].石声汉，校注.上海：上海古籍出版社，1979:959.

海南的棉麻纺织工艺技术延续至今，黎锦自然也成了中国现存的古老的传统纺织品。在棉纺织盛行的时代，麻纺织品与无纺树皮布也一直没有退出历史舞台，3 个时代相互交融，3 种技艺共存共生。据调查，现代黎族纺织品中，棉纺织物约占 60%，麻纺织品占 20%，剩下的为棉麻以及棉丝混织品①。

第二节 黎锦非物质文化遗产的价值

价值对人类是十分重要的，正如德国哲学家李凯尔特所说："我们利用价值来思考世界。"事物的功能决定事物的价值，非物质文化遗产也不例外。非物质文化遗产中含有丰富的历史、文化、审美、科学、伦理、教育、经济资源，并相应地具有认识历史、传承文化、进行审美体验、增加科学知识、培养和谐观念、扩大教育范围、创造经济收益等功能，这些多种多样的功能决定了非物质文化遗产具有历史、文化、精神、科学、审美等多方面的价值。价值的实质、意义主要在于它对人的有效性。

黎族的传统纺染织绣技艺，是海南地区的黎族民众利用棉、麻等天然纤维制作衣物以及其他生活用品所使用的传统手工技艺。此项非遗是活态的历史，能让人们认识黎族文化（而且是以鲜活生动的形式），从而很好地发挥其传承民族精神的作用和价值。在长期的劳动实践中，黎族妇女在认识和利用各种植物纤维和染料的基础上，不断提高技艺水平，完善技艺形态，并且世代

---

① 罗文雄. 黎族传统织棉技艺研究 [J]. 中南民族大学学报 (人文社会科学版)，2011，31(5):25-30.

相传，最终形成了纺、染、织、绣四大技艺，构成完整的纺织技术体系，具有多方面的价值，而其最为核心的价值主要体现在历史、文化、科学、艺术和经济 5 个方面。

一、历史价值

就历史价值而言，非物质文化遗产以其民间的、口传的、质朴的、活态的存在形式，可以弥补官方史志典籍的不足，有助于人们更真实、更全面、更接近本原地去认识历史及文化。非物质文化遗产蓄积了不同历史时代的精粹，保留了最浓缩的民族特色，是民族历史的活态传承。由此，非物质文化遗产可以当之无愧地被称为"活态历史"。少数民族非物质文化遗产，从根源上来说，是代表这个民族团体的文化和社会的个性表达，是长期得以流传的人类文化活动及其成果，因而具有不容忽视的历史价值。

黎锦的织造历史悠久，织造的过程以及过程中所反映出的审美、民俗和技艺都在不断地叠加，并完整地保留了 3000 年，这使得黎锦在历史长河中不断地完善和发展。从汉代的"广幅布"到宋代作为特殊商品的各种黎族纺织品，都体现了黎锦的历史价值。黎族没有本民族的文字，因此黎族的更多的历史内容都通过黎锦反映出来。这种织造技艺是黎族妇女几代人乃至几十代人的智慧结晶。黎锦的兴衰史实际上就是一部黎族的发展史。

在相当长的历史时期里，传统的黎锦织物满足了黎族民众的日常生活需要，其织造的工具及技艺已经成为黎族传统文化的重要组成部分。黎族的纺织技艺，最早可以追溯到新石器时代。由于黎族妇女几千年来一直使用原始的踞织腰机织造美丽的黎锦，黎锦被普遍认为是中国棉纺织史上的"活化石"。黎族人利用不同的纹样图案标记本民族的历史和信仰，黎锦以物质载体的独特方式记录着黎族的历史。

二、文化价值

钱穆先生说:"文化只是人类集体生活的总称,文化必有一个主体,那就是民族。"[①]少数民族的非物质文化遗产的文化价值主要体现在 3 个方面:

第一,非物质文化遗产是鲜活的文化,是文化的活化石,是原生态的文化基因,对其进行保护、发展有助于在全社会形成文化自觉,这样既有利于文化的传承、延续,又有利于文化生态的规划、建设。

第二,世界上每一个民族的非物质文化遗产中都深含着该民族传统文化的精髓,原生态地反映着该民族的文化身份和特色,放射着该民族的思维、审美、发展方式的神韵,体现出该民族独具特色的文化发展踪迹,展现出鲜明的文化品位。

第三,少数民族的文化都有其独特的创造性,都是不可复制、不可替代的独立生成的体系化传统。

黎族文化独特而灿烂,黎锦文化这一黎族的"活化石",承载着整个黎族的文化延续,是民族文化的集中体现。黎族非物质文化遗产包含着丰富的黎族文化资源,鲜活生动地记录了黎族的聪明才智结晶、创造成果,是巨大的文化财富,极其珍贵。

三、科学价值

许多非物质文化遗产本身含有相当程度的科学因素和成分,具有科学研究的价值,为进行科学的文化研究提供了基础。与物质文化遗产相比,非物质文化遗产具有更多、更鲜明的跨学科、跨领域的文化特征和知识属性。非物质文化遗产的科学价值体

---

①钱穆.民族与文化[M].北京:九州出版社,2012:3.

现在它扩充和加深了学院派、知识界的精英文化知识体系之外的另一个知识体系内涵，从而拓展人们的认知。非物质文化的综合性、集体性、周期性、时空统一性等特征又可以丰富认识方式，增加认识内容，这些都说明了非物质文化遗产具有相当重要的科学价值。

以黎锦为代表的黎族织物在汉代即负盛名，黎锦的品类众多，色彩多以棕、黑为基本色调，又以青、红、白、蓝、黄等色相间，织成奇花异草、飞禽走兽和人物等图案，厚重、纯朴而又不失活泼，有着浓郁的地方风格。黎族纺染织绣技艺在历史过程中不断发展，元代的黄道婆将黎族纺纱、织布等的工具及技艺带回其家乡，并在此基础上加以改进，发明了更高水平的纺织工具及技艺：可供 2 至 3 人操作的搅车代替了效率低下的单人操作手摇脱籽机；将弹棉花用的弓从短小的弹棉弓改进为 4 尺（1 尺 ≈ 0.33 米）多长的"绳弦大弓"；将原来只能纺 1 根纱线的单式手摇纺车改造成能同时纺出 3 根棉纱线的三式脚踏纺车。这些工具的发明与改进都是建立在一定的科学研究基础之上的。长期以来，黎族妇女织造时使用的是踞织腰机。通常这样的腰机仅能织出平纹，若要起花则须利用挑花刀来实施。但黎族妇女却能够借助于如此简单的工具，与绗染技艺相结合，织造出复杂多变、图案简洁、色彩鲜艳的花纹，揭示出巧妙而又合乎规矩的挑花科学原理（图 4-8、图 4-9）。

图 4-8 绗染架

图 4-9 黎族绊染技艺

四、艺术价值

丰富多彩的非物质文化遗产，展示了一个民族的生活风貌、审美情趣和艺术创造力，艺术与审美价值含量极高。非物质文化遗产中的艺术资源是人类艺术之源，是不同民族的艺术、文化得以发展的土壤和天空。黎族妇女用古老的纺织技艺织造的黎锦，工艺精湛，图案精美，色彩斑斓，完美地将自然之美、工艺之美融合在一起，以独特的方式表现了传统的黎族文化和人文精神，有着重要的文化艺术价值。黎锦的纹样多以抽象的线条与符号表达深邃的意义，所表现的内容则极为丰富，既有历史上的传说故事，也有社会生活中的场景，还有山川日月、鱼虫鸟兽、花草树木等自然生态。构成黎锦图案的各种色线，是黎族妇女利用各种植物染成，不同的颜色有着不同的寓意。一般情况下，黑色表示吉祥、永久、庄重与驱邪逐妖；红色表示人的尊严、权贵；黄色象征男性的健美、活泼和刚强；绿色象征生命，是天地赋予的生命之色；白色表示妇女心灵纯洁，吉祥如意。而多种颜色的运用，则将黎族民众对生命的向往、对生活的美好愿望以及对美的追求生动地表现出来。黎锦的独特艺术魅力使其自古以来受到人们的喜欢，其审美水平和创造美的能力得到了古往今来不同时代人们的认可、接受、赞美和欣赏，因而黎锦拥有极高的艺术价值（图

4-10、图 4-11）。

图 4-10　黎族昌江杞方言区人物纹黎锦

图 4-11　黎族祖先纹黎锦

五、经济价值

在市场经济和消费社会条件下，经济价值也是非物质文化遗产的一种重要价值。非物质文化遗产的经济价值主要表现在以下3个方面：

第一，非物质文化遗产具有丰厚的经济价值，是因为非物质文化遗产自身具有独特的遗存价值，即要确保能够存活而不消亡，才可能被传承、开发、研究，这是根本的因素和前提条件。

第二，非物质文化遗产具有广泛多样的社会功能和价值，其中也包括极大的市场开发价值。通过开发其实用性，提升产品的功能，扩大市场份额。这样一来，丰富的民族文化遗产就能发挥其经济价值，最终实现中国文化产业经济的发展。

第三，非物质文化遗产的保护、发展可以把古典与现代、文化与经济结合起来，使传统文化在现代语境中焕发新的生机，寻找到新的生长点和发展点。把有条件的非物质文化遗产变成文化创意产品，推向市场，形成文化品牌效应，把丰富的文化资源转化为优势文化资产。

非物质文化遗产保护工作的方针十分明确，即保护为主，抢救第一，合理利用，传承发展。因此，对于黎锦非物质文化遗产，在做好抢救与保护的前提下，进行合理开发，科学利用其经济价值，在市场化、商品化的时代背景下就显得大有必要。将黎锦文化产业做大做强，使其悠久的文化资源转化为现实经济发展，以文化生产力带来经济效益，才会为非物质文化遗产带来持久的、有深厚基础的传承。消极的保护难以长久，只有积极的保护、开发性的保护，才是持久的保护。

第三节 对黎锦非物质文化遗产的扶持

　　海南黎锦非遗一直受到政府部门和社会各界的关注和支持，在政策法规、财政投入、传承教育、宣传推广等方面采取了多种形式的保护措施。在法规体系方面，政府于2022年5月31日颁布了《海南省非物质文化遗产规定》，并完成《海南省非遗保护"十四五"规划》《黎族传统纺染织绣技艺保护发展三年行动计划（2021—2023年）》[①]等规划编制。在财政投入方面，海南省政府在2010年至2021年的11年中投入黎锦技艺的保护传承、传播、研究和利用等方面的经费共计1.026亿元。在传承教育方面，以黎锦技艺专题传习馆、黎锦传习所、黎族聚居市县中小学为摇篮，培养新生代黎锦传承人。目前，在9个黎族聚居市县的62所中小学中开展了黎锦技艺进校园实践课，2万多名学生参与学习。全省成功掌握黎锦技艺的人数已达2.5万人，较2009年增长了25倍[②]。近3年来由海南省旅游和文化广电体育厅牵头，通过与省内外高校合作，选派800多人参加北京服装学院、中央美院、热带海洋学院开展的服饰、黎锦技艺等非遗项目的培训，让传承人开阔眼界和创新思维。在宣传推广方面，海南省旅文厅同省市非遗保护中心共同落实黎锦非遗的传承与推广工作，多渠道宣传提升海南黎锦的知名度和美誉度。一是策划大型黎锦非遗主题活动，二是参加国内外的各类博览会。从海南省黎族织锦大赛

　　①海南省人民政府网.黎族传统纺染织绣技艺保护发展三年行动计划(2021—2023年)[EB/OL].(2021-10-20).http://smzw.hainan.gov.cn/smzw/0800/202110/15c8d08a5e464cdf9a72046f00a9b971.

　　②郭萃.千年"活化石"期待焕生机[N].海南日报，2020-12-08（A7）.

到"衣被海南 —— 海南黎族纺织文化展";从 2019 年"黎族经纬记:守护与传承"黎锦走进联合国教科文组织总部再到 2020 年海南锦绣世界文化周(图 4-12),旨在打造具有国际影响力的世界黎锦文化交流展示平台,让海南黎锦走向世界①。

图 4-12 2020 年海南锦绣世界文化周　海口骑楼老街投资开发有限公司拍摄

一、政策与法规支持

在黎锦技艺成为世界级非物质文化遗产之前,海南省关于黎锦保护及非遗相关的立法一直都比较少,缺乏专门的法规,还没有形成完备的法律保障体系。2009 年黎锦技艺入选联合国教科文组织《急需保护的非物质文化遗产名录》后,政府人员才意识到要加强对黎锦技艺的法制保障工作,只有逐步推进相关法律法规建设,才能为开展保护提供良好的工作基础,所幸的是这项工作进展十分顺利,很快就取得了较好的成效。当然,从省级立法的角度来说,目前对黎锦技艺及其他非物质文化遗产的保护政策还没有达到完备完善的地步,而与此同时,全国已有 27 个省市出

①陈蔷伊, 谢舒, 杨月 . 让世界看到黎锦之美 2020 海南锦绣世界文化周活动精彩纷呈 [EB/OL].(2020-12-10).http://lwt.hainan.gov.cn/ywdt/zwdt/202012/t20201203_2896063.html.

台了地方的相关法规。

2010 年 7 月，为推进黎锦技艺和其他非遗项目的保护工作，海南省政府批准成立海南省非物质文化遗产保护中心，逐步健全保护机制，建立社会公众积极参与保护的有效机制。2010 年以来，陆续制定颁布了《海南省少数民族文化保护与开发条例》《关于支持文化产业加快发展的若干政策》《关于理顺市县非物质文化遗产保护管理体制有关问题的通知》《海南省非物质文化遗产保护规划 (2012—2015 年)》《"黎族传统纺染织绣技艺"保护五年规划 (2011—2015)》《海南省省级非物质文化遗产代表性项目评审办法》《海南省非物质文化遗产代表性项目传承村认定与管理暂行办法》《海南省非物质文化遗产项目数字资料片制作规范》《海南省非物质文化遗产专项资金管理办法》等相关政策文件。此外，保亭黎族苗族自治县、白沙黎族自治县、陵水黎族自治县先后于 2007 年至 2015 年之间制定颁布了各自市县的《非物质文化遗产保护条例》。

2012 年 8 月，海南省文化广电出版体育厅（今旅文厅）制定下发《海南省黎族传统纺染织绣技艺传承人保护培养暂行办法的通知》（以下简称《培养办法》）。《培养办法》第 12 条对代表性传承人应当履行的义务做了具体规定：开展传承活动，培养后继人才，国家级传承人每人培养后继人才不少于 10 人，省级传承人每人培养后继人才不少于 5 人，市县级传承人每人培养后继人才不少于 3 人；运用传统技艺和技能织造黎锦精品；妥善保存相关实物、资料及本人代表性作品；配合文化主管部门和其他有关部门进行非物质文化遗产调查；参与非物质文化遗产公益性宣传。

2022 年 5 月 31 日，海南省第六届人大常委会第三十六次会议表决通过了《海南省非物质文化遗产规定》（以下简称《规定》），自 2022 年 7 月 1 日起施行。围绕保护好、传承好、利用好非物质文化遗产这一主线，《规定》结合海南省实际，作出了有特色、

针对性强、可操作的规定，是做好新时代非物质文化遗产保护工作、推动海南特色非物质文化遗产保护传承高质量发展的法律保障。该《规定》的实施，将有效推进黎锦技艺和其他非遗项目保护的法治化、制度化和规范化。

二、财政支持

　　海南省的非物质文化遗产保护经费在 2010 年以前非常少。2009 年黎锦技艺成功进入联合国教科文组织《急需保护的非物质文化遗产名录》后，提高了各级党委、政府、社会、各界媒体、群众对非物质文化遗产的认识。2010 年以后，黎锦技艺保护经费进入快速增长阶段，这其中包括省级财政经费和中央专项保护经费。

　　2010 年经海南省人大批准，海南非物质文化遗产保护经费首次有了省财政的支持，有了质的飞跃，从 2009 年的 30.2 万元增长为 287.3 万元。2011 年，非物质文化遗产保护正式纳入省委、省政府确定的发展建设类经常性项目，经费达 984 万元，与上年相比，增长幅度达 242%，其中黎锦技艺为 774 万元；2012 年突破 1000 万元大关达 1020 万元，其中黎锦技艺为 800 万元；2013 年达到 1130 万元，增长幅度达 10%，其中黎锦技艺为 830 万元；2014 年保持 1130 万元，其中黎锦技艺为 530 万元；2015 年保持 1130 万元，其中黎锦技艺为 500 万元；2016 年保持 1130 万元，其中黎锦技艺为 450 万元[①]。2010 年至 2016 年海南省财政共投入非遗保护专项经费 6811.3 万元，其中黎锦技艺经费 3994 万元。这些经费主要按承诺任务分配至省非物质文

---

①杨武, 刘实葵, 邓景华. 黎族传统纺染织绣技艺保护实践 [M]. 海口: 南方出版社, 2018: 72–75.

化遗产保护中心、5个国家级承诺保护单位和4个省级扩展项目保护单位。

2010年至2015年，中央财政下达的黎锦技艺保护经费分别为500万元、650万元、550万元、400万元、300万元和50万元，6年共下达2 450万元。此后，国家财政有所减少。

目前，海南省有黎锦技艺国家级非遗传承人3人，省级非遗传承人30人，市县级非遗传承人200多人。国家级非遗传承人有中央财政的传习活动补助每年2万元人民币；省级非遗传承人有省级财政补助每年5000元人民币；有的市县也给予市县级非遗传承人一定的补助，如五指山市每人每年补助1500元人民币，三亚市则补助4000元人民币。

为支持和扶助传承人开展传艺授徒和教育培训活动，海南省财政投入专项资金，在全省多个黎族自然村成立了16个传承村、16个传习所，在黎族自治县建立5个传习馆，由市县文化馆组织该项目传承人定期开展传习与交流活动（图4-13）。

图4-13 黎锦技艺传承人陈达娟在传承村开展织锦教学 黄丽蔡拍摄

黎锦培训中心的管理和使用：由各市县文化主管部门负责每年组织3期培训班（每期5—6天），每期招收学员50人，由各乡镇文化站选送，学员们不仅可以接受省级、县级非遗传承大师的现场教学，每人每天还可获得补助40元，补助费用及吃饭、住宿等费用全部由文化馆支出（图4-14）。

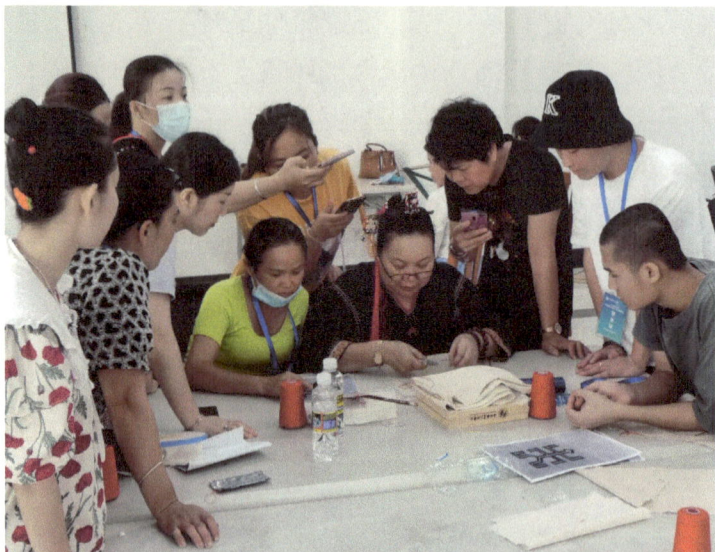

图4-14 黎锦技艺省级传承人符秀英在五指山开展绣纳工艺培训

三、教育支持

对传承教育的研究结果表明，可以黎锦技艺专题传习馆、黎锦传习所、黎族市县中小学为摇篮，培养新生代黎锦传承人。2013年8月5日，海南省文体厅、省教育厅联合下发《关于在民族市县中小学试点开始黎锦技艺实践课的通知》，统一印发由海南省文体厅组织编写的《黎族传统纺染织绣技艺》书籍为校本教材，并于2013年秋季开学正式纳入9个民族聚居市县的18所中小学教学试点。同时下发《黎族传统纺染织绣技艺课程教学基本要求》，对黎锦技艺课程教学提出了规范要求：授课对象一般为小学三年级以上学生；课时安排为每周不少于1个课时，全年总

课时不少于 32 个课时，其中操作技能学习不少于 20 个课时；组织非遗传承人进行实践授课，发放劳务补贴一般为每课时 100 元人民币；课程结业时，学生要提交一件平纹或提花作品作为颁发结业证书的评判依据；等等。

在高等学校传承教育方面，目前主要由海南师范大学和海南热带海洋学院进行黎锦技艺的人才培养。两所高校长期致力于黎锦艺术的科研、保护和传承工作，通过专业设置、课程设计、创办协会、传承人培养、科学研究等措施方法，在各方面取得丰硕的成果。在传承人培养上，帮助他们提高文化艺术素养、审美能力、创新能力，促进非遗传统技艺走进现代生活，适应市场需求。

四、社会支持

非遗保护不仅需要传承人的坚守，更需要社会大众的共同参与，要想进一步扩大黎族传统纺织面料的知名度和影响力就要加大宣传。

（一）媒体宣传方面

2010 年，中央电视台、上海电视台等媒体先后前往海南省多个市县实地拍摄，制作出专题片《黎之锦》（海南黎族织锦技艺）。2013 年，五指山市积极争取省市资金支持 9 万元，与海南大学传媒学院合作拍摄完成《五指山黎锦专题宣传片》。2017 年，由东方市旅游发展委员会制作的《东方黎锦的故事》宣传片上线播出。2017 年 6 月，央视 10 套《探索·发现》"手艺"栏目播出海南非遗系列纪录片《缬花黎布》，传统的海南手工艺又一次系统地展现在全国观众面前，也再一次引发了强烈的关注。2022 年，由海南锦绣织贝实业有限公司承制的 22 集海南黎族民俗纪录片《织锦上的黎族》正式播出，此片是海南省民宗委牵头落实省政

府"保护利用好黎族等非遗文化"重点工作任务之一，经过专家组多次研讨，摄制组先后走进白沙、五指山、琼中、东方、乐东、保亭、陵水、三亚等市县，全景式纪录黎族风情和非遗文化，高质量推进"黎锦元素符号"拍摄工作，传承黎族纺染织绣非遗技艺。

（二）活动宣传方面

一直以来，相关人士利用节庆假日和大型群众活动的机会，积极参加和组织黎锦相关的展览、展示、赛事等活动，对黎族传统纺染织绣技艺项目进行广泛宣传。2010 年 6 月，海南省文化广电出版体育厅和民族宗教委员会共同主办海南省第二届织锦大赛，此后一直延续至 2016 年，共举办 7 届。大赛由各市县选派织锦选手参加，同台竞技。较大规模的省内展览及赛事有每年的黎族苗族"三月三"传统节日、中国文化遗产日、海南省织锦大赛等。与此同时，黎锦项目也经常参加国内外的各大展览活动，仅 2012 年就参加了深圳文博会、黄山第一届技艺大展、全国非物质文化遗产展示会、中国非物质文化遗产生产性保护成果展等展览。2012 年 7 月，在韩国丽水世博会，2 名国家级黎锦技艺代表性传承人在展演当天被阿根廷政府官员邀请到阿根廷馆进行交流展示。2016 年 9 月，海南省民间美术技艺（非物质文化遗产）展在马其他中国文化中心开展。2019 年，举办"十年深耕，织造辉煌"黎族传统纺染织绣技艺保护成果展。2019 年 9 月，由海南省人民政府指导、海南省旅游和文化广电体育厅、海南省非物质文化遗产保护中心主办的"黎锦经纬记：守护与传承，海南黎族传统纺染织绣技艺走进联合国教科文组织总部展"开幕式在法国巴黎联合国教科文组织总部大楼 Suger Hall 展厅举行。2020年 11 月，以"传承·创新·共创锦绣世界"为主题的 2020 年海南锦绣世界文化周在海口骑楼老街成功举办，首届文化周以黎锦文化为核心，作为海南首个锦绣文化活动 IP，汇聚世界锦绣产业文化（图 4-15）。

图 4-15 2020 年海南锦绣世界文化周 海口骑楼老街投资开发有限公司拍摄

2021 年 5 月，"2021 海南非遗助力乡村振兴"展销活动在海口日月广场成功举办。活动以"产品推介 + 产品展销"为主要形式，募集全省代表性非遗产品，旨在向市民游客宣传非遗技艺、推广非遗产品、创新非遗制造，推动非遗产品更好融入当代生活（图 4-16）。2022 年 6 月，第二届海南锦绣世界文化周在海口世纪公园举行，同期举办"锦绣世界——2022 年首届非物质文化遗产织绣印染技艺精品展"。

图 4-16 2021 年海南非遗助力乡村振兴展销活动

第五章
基于黎锦的非物质文化遗产创意产品设计

　　海南黎族有着得天独厚的文化资源，黎锦技艺作为其中唯一的世界级非物质文化遗产，更应该作为传承和开发的重点。黎族传统面料为海南文创产品研发提供了天然的土壤，但目前来看，海南黎锦非遗文创产品的研发设计仍然处在起步阶段。优秀的本土旅游文创产品的开发能有效带动海南旅游产业和文化创意产业的发展。以旅游文化产品为载体来表现独特的黎族非遗文化，能使后人更进一步地加深对民族非物质文化遗产的理解。本研究的目的是通过梳理黎锦非遗文化内容，归纳总结出黎锦非遗文化下文创产品的相关设计方法。同时，积极探索黎锦非遗元素在文创产品中的表现方式、创新设计和开发策略，为海南当地旅游文创产品的发展方向提供参考，让古老的黎锦非遗文化在现代文创产品的载体中获得传承和发展，同时使旅游消费者能获得独具特色的当地文化旅游文创产品（图5-1至图5-3）。

图 5-1 黎锦装饰画框

图 5-2 黎族人物图案钥匙扣

图 5-3 黎族风托特包

第一节 黎锦文创产品调研分析

一、政策支持

2012 年,海南省相继出台《海南省少数民族文化保护与开发条例》[①]、《海南省黎族传统纺染织绣技艺传承保护培养暂行办法》[②]等法规文件,推动了本省非遗保护法制建设进程,也为黎锦非遗的保护与开发奠定了坚实基础。2015 年,海南省政府办公厅印发《海南省推进文化创意和设计服务与相关产业融合发展实施方案(2015—2020 年)》[③]。该方案明确提出七大重点任务,其中就有"鼓励根据本省文化特色推出原创文化产品和服务"这一任务。在此背景下,探讨如何发展黎族文化创意产业,研究黎锦与文创产品创新性地结合,使黎锦回归现代生活,从而实现活态化传承,具有显著的理论意义和应用价值。一是呼应国家以创新驱动发展,推动非遗传统文化创新性转化,让非遗文化得到活态化传承与保护,最终实现可持续发展;二是有助于从供给侧改革入手,提供高质量的文创商品,满足大众多样化的文化需求,进一步促进消费,扩大内需;三是弘扬黎族非遗文化,巧借文化创意设计助推黎族文化产业转型升级。

根据表 5.1 和表 5.2 的研究数据,通过对当前市场上黎锦文化创意产品的分类分析,产品的功能主要包括 4 种类型:装饰工

---

①海南省人民政府网.海南省少数民族文化保护与开发条例 [EB/OL].(2012-09-25).http://www.hainan.gov.cn/hainan/dfxfg/2012-09-25%2008:04:03%20/TENLZ6.shtml.

②海南省非物质文化遗产保护协会.海南省黎族传统纺染织绣技艺传承保护培养暂行办法[EB/OL].(2012-08-27).http://www.hnsfyxh.com/wap/news2_xx.php?id=148.html.

③海南省人民政府网.海南省推进文化创意和设计服务与相关产业融合发展实施方案(2015—2020 年)[EB/OL].(2015-08-20).https://www.hainan.gov.cn/data/zfgb/2015/11/3422.shtml.

表 5-1 黎锦文创产品的特点描述

序号 产品名称	产品图片	价格区间 (单位: 元)	是否使用黎族传统面料	是否应用黎锦图案	产品特点描述
1. 装饰画框		260—3000	√	√	1.使用黎族传统面料进行木质画框装裱 2.早期开发的黎族旅游纪念品 3.不同尺寸的价格不同
2. 壁挂画		600—33800	√	√	1.使用黎族传统面料进行创作 2.具有很高的装饰性和艺术价值 3.图案和尺寸可根据需求定制
3. 服装		1680—10800	√	√	1.黎族传统面料在现代服装中的设计运用 2.不同企业生产的服装款式和品质存在差异 3.产品生产成本高，适合高端消费者
4. T恤衫		120—150	—	√	1.黎族传统图案在现代服装中的设计运用 2.产品生产成本低，适合中低端消费者
5. 传统面料围巾		1200—3000	√	√	1.黎族传统面料最直观的产品 2.黎族的品质取决于黎族织娘的水平 3.具有很强的收藏价值
6. 印染围巾		600		√	1.使用黎族传统图案进行设计印染 2.采用现代工业化生产工艺 3.品种多样，适合中端消费者
7. 领带		480		√	1.提取黎族传统图案元素进行设计印染 2.采用现代工业化生产工艺 3.真丝材料，少有的男士专属产品
8. 传统面料手提包		338—680	√	√	1.使用黎族传统面料进行设计制作 2.早期开发的黎锦文创产品 3.款式设计比较传统
9. 黎族图案背包		60—100	—	√	1.提取黎族传统图案元素进行设计印染 2.采用现代工业化生产工艺 3.产品生产成本低，适合中低端消费者
10. 旅游背包		160—260	—	√	1.提取黎族传统图案元素进行设计印染 2.采用现代工业化生产工艺 3.款式设计适合年轻学生消费者

第五章

基于黎锦的非物质文化遗产创意产品设计

续表

序号 产品名称	产品图片	价格区间 (单位：元)	是否使用 黎族传统 面料	是否应用 黎锦图案	产品特点 描述
11. 黎族风托特包		177	—	√	1.提取黎族传统图案元素进行设计印染 2.采用现代工业化生产工艺 3.款式设计适合年轻学生消费者
12. 传统面料手机袋		200—360	√	√	1.使用黎族传统面料进行设计制作 2.早期开发的黎锦文创产品 3.款式设计比较传统
13. 抱枕		500	√	√	1.使用黎族传统面料进行设计制作 2.少有的黎锦生活家居产品
14. 耳环		60—120	√	√	1.使用黎族传统面料进行设计制作 2.近期开发的黎锦文创产品 3.款式设计新颖，价格较低，市场潜力大
15. 草本热敷眼章		79	—	√	1.提取黎族传统图案元素进行设计印染 2.工业布作为草本保健品的外包装材料 3.提升了产品的美观性和产品附加值
16. 大力神笔记本		35	—	√	1.使用黎锦中的典型图案作为设计元素 2.是一款适合年轻学生的旅游纪念品
17. 黎锦图案挂钩		9	—	√	1.使用黎锦中的典型图案作为设计元素 2.价格低廉，同时具有实用功能
18. 马克杯		62	—	√	1.使用黎锦中的典型图案作为设计元素 2.是一款适合年轻学生的旅游纪念品
19. 钥匙扣		50	—	√	1.使用黎锦中的典型图案作为设计元素 2.是一款适合年轻学生的旅游纪念品
20. 陶瓷茶具		280	—	√	1.使用黎锦中的典型图案作为设计元素 2.图案非手工绘制，采用热转印工艺

表 5-2　黎锦文创产品的基本特征与功能类型

序号	产品名称	文化性	民族性	艺术性	观赏性	实用性	纪念性	经济性	基于产品的功能类型	手工生产或机器生产
1.	装饰画框	√	√	√	√	—	√	—	装饰工艺品	手工生产
2.	壁挂画	√	√	√	√	—	√		装饰工艺品	手工生产
3.	服装	√	√	√		√	—	—	服饰	手工生产
4.	T恤衫	√	√	√		√	—	√	服饰	机器生产
5.	传统面料围巾	√	√	√		√	—	—	服饰	手工生产
6.	印染围巾	√	√		√	√	—	—	服饰	机器生产
7.	领带	√	√	—	—	√	—	—	服饰	机器生产
8.	传统面料手提包	√	√	√	√	√	—	—	服饰	手工生产
9.	黎族图案背包	√	—	—		√	—	√	服饰	机器生产
10.	旅游背包	√	√			√	—	√	服饰	机器生产
11.	黎族风托特包	√	√			√	—	√	服饰	机器生产
12.	传统面料手机袋	√	√			√	—	—	生活家居用品	手工生产
13.	抱枕	√	√			√	—	—	生活家居用品	手工生产
14.	耳环	√	√			—	—	√	服饰	手工生产
15.	草本热敷眼罩	√	√	—	—	√	—	√	生活家居用品	机器生产
16.	大力神笔记本	√	√	—	—		√	√	文具	机器生产
17.	黎锦图案挂钩	√	√	—	—	√	—	√	生活家居用品	机器生产
18.	马克杯	√	√	—	—	√	—	√	生活家居用品	机器生产
19.	钥匙扣	√	√	—	—	√	√	√	生活家居用品	机器生产
20.	陶瓷茶具	√	√	—	—		√	—	生活家居用品	机器生产

艺品、服装、文具和家居用品。这些文创产品既有手工生产也有工业化批量生产。在收集到的 20 种文化和创意产品中，有 8 种采用了黎族的传统面料，而剩下的产品则提取了黎族传统图案元素进行设计印染。所有产品均采用黎锦图案元素，体现了文化、民族、艺术等不同的基本特征。黎锦的文化和创意产品有明显的价格差异。市场上的一件黎锦现代服装的价格可以超过 1 万元，而用黎锦元素制作的纸带、手册和帆布包定价几元到几十元。由于黎锦文化创意产品缺乏开发类型、功能薄弱、产品缺乏水平转型，价格差异相当明显。

二、游客对黎锦和黎锦文创的看法

海南黎锦文化为海南文创产品研发提供了天然的土壤，本项目研究了海南黎锦非遗目前的传承和保护现状（通过实地走访和文献资料获得数据信息）；通过问卷调查获得了黎锦非遗文创产品的相关购买行为和消费数据。

在针对黎族传统面料和文创产品进行的调查研究中发现，黎锦技艺作为世界级非遗，有着悠久的历史文化，在传承保护与合理利用方面取得了一定成效，但黎锦仍然没有能够真正走进人们的现实生活中。首先，表现为黎族年轻人平时已没有穿着黎族传统面料服饰的生活习惯。其次，黎锦传统工艺繁杂、耗时费工，学习黎族传统面料生产技艺的人群仅占黎族总人口的1.63%。最后，黎锦本身较高的手工艺价值和收藏价值，使其产品价格偏高，这让大部分消费者望而生畏，阻碍了黎锦市场化、生活化进程。

在购买黎族传统纺织面料时，消费者首先考虑的购买因素是设计制作精美，然后是具有鲜明民族特色和合适的价格，而不购买的原因则主要为价格上没有吸引力。黎锦在中国纺织史上有"活化石"之称，具有很高的价值，其系列产品中消费者最喜欢的是随身小挂饰，占比为70.2%；第二喜欢的是室内装饰品，占比为61.4%；然后是礼品和服饰，分别为50.9%和43.9%（图5-4）。关于黎锦风格的偏好，61.4%的人喜欢简约大方的设计风格，喜欢民族与时尚相结合风格的人占到56.3%，此外，有54.4%的人喜欢黎锦本身就具有的民族风格，而50.9%的人则喜欢新颖与时尚相结合的现代风格的产品（图5-5）。对于黎锦这样的传统民族工艺的价值认识，有77%的人认为黎锦代表传统文化，具有很强的文化价值；65%的人认为黎锦的形式内涵特别，具有审美价值；50.9%的人认为黎锦具有商业价值。在游客和市民对于阻碍黎锦传承与发展因素的认识上，61.5%的人认为人们

对其工艺保护意识淡薄，然后是流传的局限性很大，再者认为传统工艺与时代不适应。最后，关于如何才能让黎锦得到更好的传承与发展的答案，一直认为建设黎锦文化品牌十分重要，此外还需要扩大保护黎锦传承人队伍。

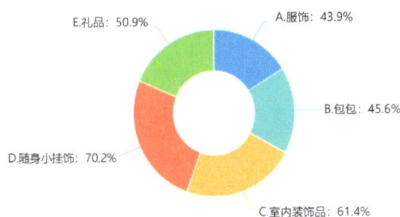

图 5-4　黎锦产品消费者偏好

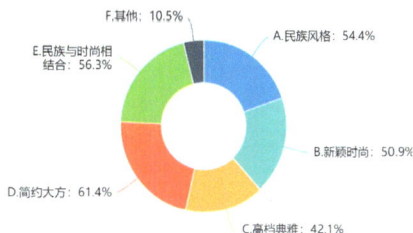

E.礼品: 50.9%　　A.服饰: 43.9%
D.随身小挂饰: 70.2%　　B.包包: 45.6%
C.室内装饰品: 61.4%

图 5-5　黎锦产品风格偏好

F.其他: 10.5%　　A.民族风格: 54.4%
E.民族与时尚相结合: 56.3%　　B.新颖时尚: 50.9%
D.简约大方: 61.4%　　C.高档典雅: 42.1%

在对海南旅游文创产品的调查研究中，有 70.3% 的游客之前购买过文化创意产品或旅游纪念品，而购买旅游文创产品的动机主要是产品外观设计上有吸引力，同时文创产品具有一定的纪念意义。在受访游客中，43.9% 的人会购买 50 元以下的旅游文创产品，40.8% 的人会购买 50—100 元区间的文创产品，100—300元区间的购买力只占到 12.2%（图 5-6）。这表明旅游市场在经济下行的压力下，需要重新审视旅游文创产品的价格定位。因此，在开发黎锦文创产品时，我们可将自身产品的价格定位控制在 0—100 元区间，这样游客的购买率较高。

在购买旅游商品的偏好上，有 55.1% 的游客选择体现地域特色的旅游商品，个性时尚和实用性占比却不高，这与调研前的判断有一定的差距。地域性特色旅游商品是开发的重要考量因素，但实用性在此之前也认为是重要的购买偏好，而实用性的实际调研数值为 11.2%，这与具有创意偏好的 12.2% 数值十分接近（图5-7）。黎族是一个在中国海南省才有的少数民族。黎族黎锦文化也是世界上独有的民族文化，符合地域特色要求。因此，对于海南旅游商品的开发，应该重点考虑研发具有海南地域特色的黎锦旅游纪念品和文创产品，来贴合这一游客的偏好。

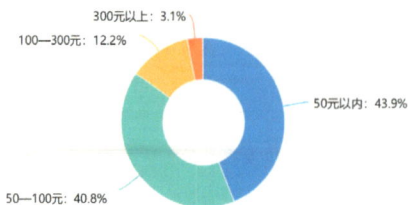

图 5-6　旅游文创产品的价格

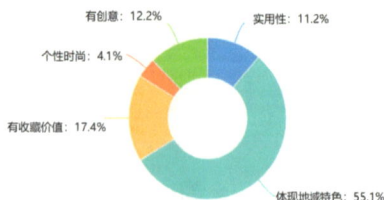

图 5-7　旅游商品的偏好

　　有 77.5% 的人对海南黎族的旅游文创产品感兴趣。在评价目前海南旅游文创产品不足之处时，款式不新颖不时尚为首选，占比 31.6%，其次是缺乏创意设计，选择此项的人数占比 26.5%（图 5-8）。研究发现，在生活当中，人们最喜欢的旅游商品前三类为丝巾、随身小挂饰品和包包。

　　通过对黎族传统面料中的图案艺术进行研究，对于黎锦上内涵丰富的各种图案，人们选择的最喜欢的图案是吉祥图案和山水图案，均占到了 54.4%；其次是动物和植物，占比为 50.9% 和 49.1%；最不喜欢的图案为文字图案，仅占 26.3%（图 5-9）。研究表明，黎锦面料上的图案艺术汇聚了黎族的民族精神文化和审美文化，人们对黎族图案艺术特征的认识和解读是理解、传播和保护黎族传统文化和非遗黎锦技艺本身的途径。

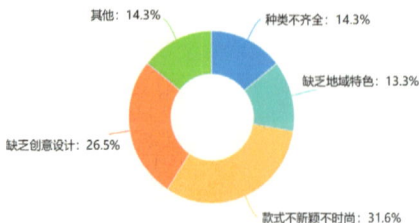

图 5-8　海南文创产品的不足之处

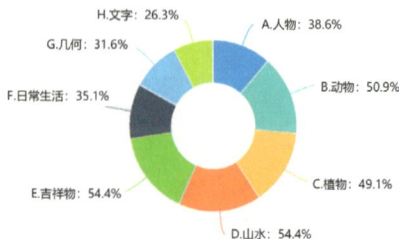

图 5-9　黎锦上内涵丰富的各种图案

三、从黎锦非遗承人与设计师角度看黎锦的可持续发展

本研究从黎族传统纺织面料传承人和设计师角度审视黎锦的可持续发展的理念和未来。黎锦非遗传承人是黎族传统纺织面料的继承者和传播者，他们的影响力较大，与黎锦的发展关系密切，是黎锦产业发展的利益相关者群体。他们分布在海南省的各个少数民族地区，肩负着振兴黎族文化的使命，十分关心黎锦的可持续发展。黎锦文创产品的设计与开发者为黎锦的活态传承提供智力支持，他们希望黎锦能够真正融入现代生活。这些人就黎锦的现状及未来的情况提供了十分重要而有见地的观点，这里将重申并阐述从深度采访中所获得的关键信息。

（一）黎锦的传承与保护

黎族传统织锦技艺的保护与传承，必须建立在创作和生产实践中，只有在生产实践中才能认识、了解原料的特性、特点与用途，掌握和运用纺织技艺，发挥出织锦艺人的创造力和灵感（罗文雄，2020）。对于黎锦的保护要正确处理好保护与利用的关系，保护是基本，是利用的前提；开发利用是为了有效地保护，在保护过程中不能盲目追求产业化；开发与利用也必须尊重黎族传统文化、尊重已经形成传统生产方式和技艺方法的黎锦历史。作为非遗传承人，大部分时间都会到学校和下面的乡镇传授织锦、双面绣技艺，而剩下的时间都在研究黎锦技艺和制作关于黎锦的文创产品，包括耳环、香包和项链等。如何增加黎族织娘的织锦收入这一问题很关键，经济效益不高，很多学习黎锦的人无法坚持下去，就很难再去谈传承黎锦，人们需要在传承和生活中进行选择（王瑞妹，2020）。

黎族青少年应该在中小学期间就开始接触非遗，学习黎锦。

这样一方面为黎锦传承做好推广和提供接触的机会；另一方面，为了保护黎锦，防止黎锦非遗文化的传承断代（黄翠花，2020）。白沙县教育局等地方政府部门对黎锦的传承和保护十分重视，黎锦课程长期进校园、进课表，每周至少保证2天的下午利用1个课时的时间来完成黎锦的培训与实践学习。培训的课时费不低于100元每学时，费用由省非遗中心和地方文化部门支出（莫克俭，2020）。

黎锦非遗的传承与保护，既要以政府为主，又要发挥好民间力量，利用新技术、新手段做好非遗的传播。主动拥抱互联网，借助新媒体力量传播，是非遗、传统文化向国际传播的重要途径（饶琼娟，2020）。

（二）黎锦的发展未来

黎族传统织锦文化要实现可持续发展，就要兼顾短期与长期、局部与全局的利益，要以发展的眼光对待黎锦的保护与开发，杜绝狭隘的眼前利益至上、经济利益至上的行为。每一位黎锦人都要用心去创造黎锦非遗的美好未来。黎锦会有很好的发展，这是因为黎锦发源于海南，海南有充足的阳光，是中国其他地方不可比拟的。有了阳光，黎锦就可以进行植物染织，芒果、紫檀、荔枝等都能用来染色，环保且可持续发展的原材料，利于百姓，利于传承。我们需要有文化自信，这是黎锦面向未来的最大动力（郭凯，2020）。作为黎锦非遗传承人，应该思考黎锦的未来，但从现实来讲，要思考如何在顺应市场和保留传统手艺之间做到一种平衡（王瑞妹，2020）。

黎锦在今后一定会有更大的市场，因为它具有价值，不仅有文化价值还有经济价值。通过合作社能让织娘们延续这门手工技艺，同时要创立自己的品牌，在设计上下功夫，让古老的黎锦融入时尚的元素，例如颜色更时尚百搭，却有着黎锦花纹的围巾、

包包。这样才能在千变万化的市场上站稳脚跟。最终，让合作社发展，实现带动村子里的黎家妇女致富，并传承黎锦非遗的梦想（黄慧琼，2020）。

（三）黎锦文创产品开发与设计

"鼓励支持传承人在传承传统技艺、坚守传统工艺流程和核心技艺的基础上，对技艺有所创新和发展，鼓励支持传承人在制作传统题材作品的同时创作适应当代社会需求的作品，推动传统产品功能转型和审美价值提升。黎锦非遗不光要传承，还应该要懂得如何创造经济价值。我在2019年参加过在清华大学美术学院举办的'BMW 中国文化之旅'活动，申伟导师对我的作品进行了指导。也是从那个时候开始，让我树立了'非遗走入现代生活'的非遗文创产品开发理念。黎锦需要通过创新，变成服装元素、手机袋、鼠标垫、灯吊，这在小作坊式的过去是很难想象的。应该把这些好的设计理念、经验用于生产中，我也将传授给自己的学生们还有黎锦爱好者们，让黎锦在现代社会找到一条可持续发展的新路。"（黄翠花，2020）

"由于白沙缺少旅游景点，旅游业不发达也直接影响到黎锦及相关文创产品的销售。现代的黎锦机织产品以及利用黎族元素应用的印刷产品价格便宜，但传统的纺织面料纯手工制作，花费的时间久，具有收藏价值，其价格比较昂贵，往往不被游客所接受，这就是黎锦市场所表现出来的矛盾和瓶颈问题。"（莫克俭，2020）

"针对有人说文创产品研发难的问题，我个人觉得文创的转换其实不难。我们需要跟上时代，同时传承人要坚持自己的底线，不能做电脑机绣，传统类型与文创类型的产品都要有，手工技艺的非遗和电脑机织的就是不一样。"（符秀英，2020）

"将黎锦转换成文创产品和旅游商品，是肯定需要迈出的一步。市场上不能全都是传统产品，目前文创产品也十分流行，要找准新的方向。黎锦适合收藏，但受众面窄，销量有限；文创产品价格不高，可以走量。现在的黎锦文创产品类型少，有发展前景。有一些设计师有能力做文创产品设计，但是他们不了解黎族文化，对黎锦图案的使用混淆，自己觉得好看就用，不懂其深层内涵，缺乏专家和黎族传承人的指导，同时缺乏高端产品的设计，纯手工的黎锦实用性不够，功能性不强。"（董明玉，2020）

"作为创办黎锦合作社的传承人，首先要考虑企业如何活，再去谈如何开发产品。目前的思路是让产品回归生活的原本，要满足于本地黎族群体的需求，再拓宽省外的客户需求。当前在产品开发中还存在一个问题就是黎锦在制作文创产品时，很多工艺和零部件完全需要省外厂家来完成。比如制作包包的金属件，本地是完全解决不了的。"（张潮瑛，2020）

"黎锦激发了我的设计灵感，设计生活中常穿的服装。符号元素的置入可以让产品成本降低，从而走进百姓生活。最终产量加大，开拓市场，让市场去引领产品的生产，这就是降低成本的方法。"（王彬妮，2020）

"带得走的文化叫文创，因此应该研发出旅游者喜欢、能够花较少的钱把它带走的产品。好的设计要站在消费者的立场，追求最大包容性的设计，能真正解决问题。文创的灵魂是文化，核心是创意。海南文创需要深入挖掘在地文化，树立文化的自信。总体来讲，不能过度开发利用，不能只注重谋取黎锦直接带来的经济利益，而应该科学开发利用，坚持可持续发展的理念，注重黎锦品牌的树立、知名度的获得和提升等潜在价值。"（房景峰，2021）

四、保护与开发的建议

传承人和设计师就如何更好地保护黎锦非物质文化遗产、开

发利用黎族传统纺织面料进行文创产品设计、实现黎锦的可持续发展提出了一些建议。海南省文创研究院院长房景峰建议黎锦的文创设计要重视前期调研，善于从销售渠道倒推设计；开发具有差异化的系列化周边衍生产品，以满足各个年龄层次消费者的需求，增强产品的核心文化吸引力与市场竞争力。服装设计师王彬妮女士呼吁海南省政府牵头搭建一个平台，让全国各种风格的设计师入驻这个平台，开发不同类型的童装、女装、男装；建议以市场的导向，由黎锦基地搭台，提供丰富的黎锦素材，以开发出更多的新产品。白沙非遗传承人张潮瑛建议政府牵头引进知名高校的专家和设计师来为传承人进行创作培训，提高大家的审美能力。白沙文化馆副馆长董明玉建议从事黎族文创产品研发设计的设计师们加强黎族文化的学习，深刻理解黎锦图案背后的文化内涵。

第二节 以黎锦为载体的文化创意产品设计

一、文化创意产品设计

黎锦面料中有 100 多种图案，主要有蛙纹、牛鹿纹、人纹、星月纹、昆虫花鸟等丰富的图案，这些图案元素有着它自身的象征、意义。在色彩上，一般以黑、红为主，间配黄、白等颜色，和谐绚丽。为了顺应现代人的审美需求，笔者等人将一些图案进行提取，并重新进行元素组合搭配，通过色彩和构图的综合改编，形成全新的图案设计。

在面料图案的设计上，如图 5-10 至图 5-12，方案 1 选取了杞方言区的人物纹和金属链纹的组合，颜色上选用蓝色和灰色；

方案 2 使用黎族几何线条纹进行重复组合，颜色使用黑色；方案
3 则使用了人物纹、青蛙纹与鱼纹的组合，颜色使用了黑色、棕色
和蓝色的搭配。这些组合图案面料可以应用在箱包、领带、衬衣
等产品上。

图 5-10 面料图案方案 1

图 5-11 面料图案方案 2

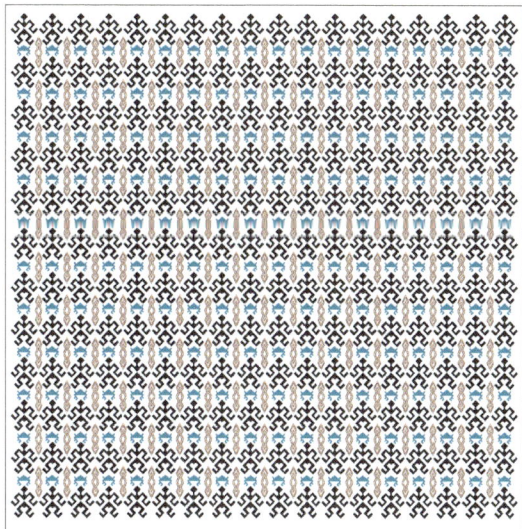

图 5-12 面料图案方案 3

　　在插图设计 1 中 (图 5-13),主图案从民国龙被作品《双凤朝阳,鱼跃龙门》中提取了凤凰的图案,背景选用了面料图案方案 1 中的人物纹和金属链纹的组合纹;边框使用了杞方言区的牛眼花纹,并用女子纹和飞鸟纹做装饰。在色彩提取的表现上,这款设计还原了润方言区和哈方言区黎锦布料的红、黄主色调,颜色上采用庄重和喜庆的红、黄颜色进行搭配。

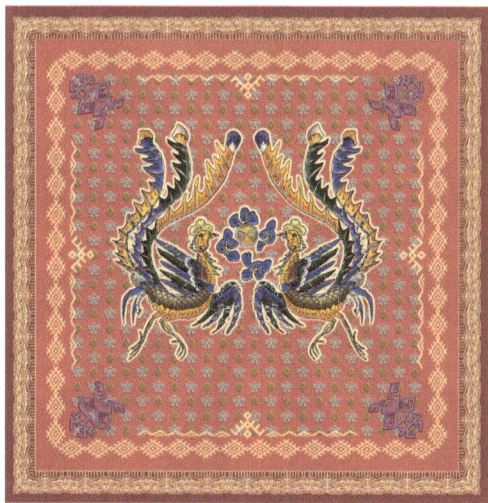

图 5-13 插图设计 1

在插图设计 2 中 (图 5-14),主图案从民国龙被作品《双凤朝阳,鱼跃龙门》中提取了葫芦的图案,寓意"福禄"。背景同样选用了面料图案方案 1 中的人物纹和金属链纹的组合纹;边框使用了房屋纹的二方连续图案组合,并用女子纹和飞鸟纹做装饰。同时将海南现代元素的插画置入图案之中,有海南的鹿回头、祥云图案,又有海南的花卉及代表建筑图案。这样使得作品既有传统的非遗元素,又有现代装饰元素,也有平安、吉祥等美好的寓意,在艺术感上达到高级的水准。

图 5-14　插图设计 2

在插图设计 3 中 (图 5-15),主图案从民国龙被作品《双凤朝阳,鱼跃龙门》中提取了龙的图案(龙是黎族人民信奉最多的动物,有龙就有水,有水就不会干旱,庄稼的收成就好,他们还认为自己是龙的后代,将龙的标记作为保护神),在方与圆交织的图形中利用不同的图案纹样和颜色进行填充。主要利用了前期设计好的几种面料图案作为设计内容的填充。这里所运用到的黎族纹样主要有人纹、蛙纹、乌龟纹、鱼纹、大力神等。在颜色的搭配上,此款设计以暖色为主,同时也做了冷暖对比。

对比来看,插图 2 和插图 3 的设计在色彩提取和搭配上有所

图 5-15 插图设计 3

创新，更好地贴合年轻人的审美眼光，在不断地修改中，满足文创产品的特征和优势。在色彩提取的表现形式上，积极寻找黎族色块与时尚色系之间的联系，争取简单而丰富地表现作品的色彩感觉。在设计时，从传统黎族图形中找寻美的基因，融入新时代审美观念和思想，力求设计出被大众所喜爱的黎族元素图形，在发展中传承。纹样的表现使用的是几何像素，结合黎族织锦四四方方的特点，多是有棱有角的几何图形，所以纹样的创新也是从这一基本点来入手，并且也达到了符合现代元素的创新点，解决了现在纹样绘制手法单一的局限性（图 5-16）。

二、设计理念

对于文创产品的设计而言，需要深入挖掘黎族传统面料中图案的文化特色，设计人员对黎锦图案必须要有深刻的理解，对黎族文化也要有全面的认识。通过产品定位，考虑到文创产品的属性、特色、适用人群，从载体和艺术风格等角度进行思考，合理

图 5-16 《双凤朝阳,鱼跃龙门》龙被

地将民族文化特性嵌入产品中，确保可以实现文创产品的多元化与差异化。比如，在设计一款家居用品时，设计师将从大量的黎锦图案中筛选合适的图案艺术，分析产品与图案艺术匹配度，可以通过组合、局部抽取图案艺术的形式，恰到好处地融入现代设计理念，再选择流行的色彩，由此实现产品与图案之间的完美融合。这样让文创产品看起来具有很强的民族性，但依旧保持家居用品的时尚感。在众多独具特色的文创产品中，都可以看到设计者会先去归结经典，找到传统图案和造型元素，然后巧妙地依靠视觉传达来进行两者的融合，继而产生良好的呈现效果。

黎族传统面料中的图案艺术具有很高的美学表现力，将黎锦图案作为装饰元素应用到文创产品中既是海南旅游商品研发和旅游业的需要，也是对黎族传统面料的创新应用。在进行文创产品设计时，需要以功能为主导，综合考虑黎锦纹样的构成及配色的艺术特征，在传承方式上结合数字化技术，利用电脑绘制对黎锦纹样的素材进行多重设计；需要不断地去寻找手工艺与工业生产、传统与现代的融合节点，继而确保传统工艺可以与现代技术很好地融合在一件具有功能价值的文创产品上 (如图 5-17 至图 5-33)。

图 5-17 插图设计之包装纸

图 5-18　插图设计之抱枕

图 5-19　插图设计之游戏拼图

图 5-20 插图设计之丝巾

图 5-21 插图设计之手提袋

图 5-22 插图设计之移动 U 盘

图 5-23 插图设计之纸胶带

图 5-24 插图设计之手提袋

图 5-25 插图设计之手环

图 5-26 插图设计之双肩背包

图 5-27 插图设计之丝巾

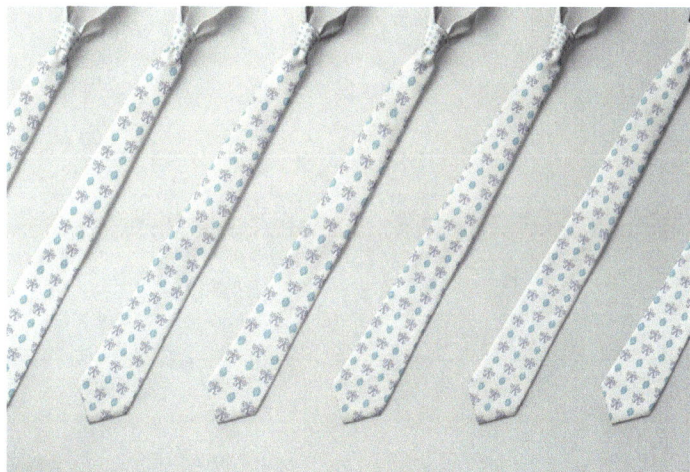

图 5-28 面料图案方案之领带

图 5-29 插图设计之丝巾

图 5-30 黎族蛙纹蛙钮香炉

图 5-31 黎族头纹蛙钮香炉

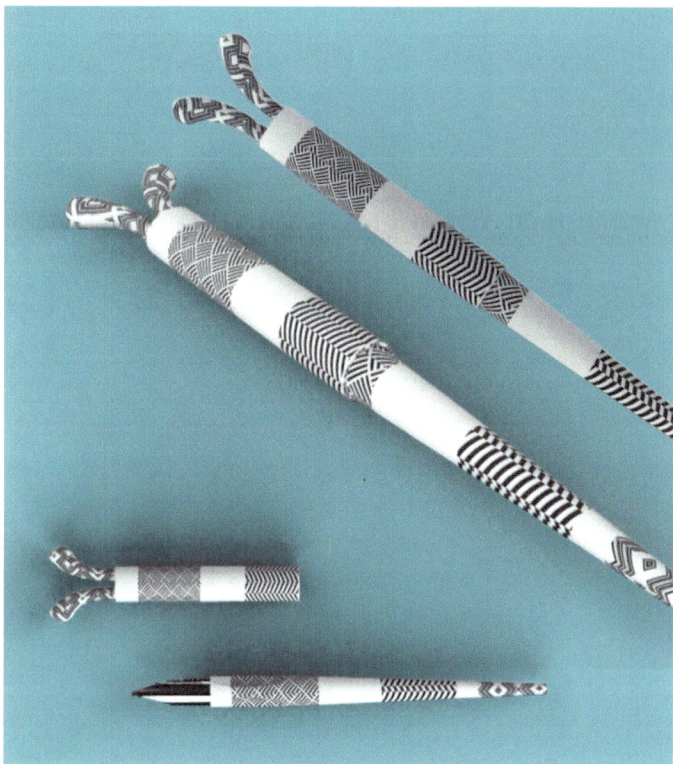

图 5-32 黎族骨簪钢笔

图 5-33 黎族文创产品成品展示

第六章
黎锦文创产品的活态传承与开发

海南黎族是一个有着悠久历史的民族，约在3000年前的商周之际，黎族先民就已定居海南岛。在漫长的历史岁月中，黎族人为了满足自身生活需求，创造了丰富多彩的物质与非物质文化。这其中，最为核心的文化代表当属黎族传统纺染织绣技艺。作为黎族整体标志物，黎锦充满着丰富的文化内涵，是在活态流变之中贯穿古今岁月的见证，具有独特的文化价值、审美价值、情感价值以及经济价值。

自2009年被列入世界级非遗，经过10余年的政策与资金扶持，黎锦技艺已逐渐摆脱了濒危状况，其生产原真性得到有效保护。接下来的任务是思考如何将黎锦产品由传统手工艺品通过创意研发，逐步转化为适合现代生活、受大众喜爱的文创产品。在当前海南自由贸易港发展背景下，海南文创产品极度匮乏，如何在保证原真性的前提下将黎锦艺术发扬光大，做足黎锦文化产业的文章，以及如何更好地开发黎锦非遗文创产品，是目前亟须研究的课题。黎锦技艺作为少数传承人掌握的传统技艺，不能只停留于博物馆和工艺品展厅，仅得到孤立静态的保护，而应当加以开发利用，对其进行活态化传承，以满足现实之需。

第一节 活态传承与开发现状

黎锦技艺作为世界级非遗，在保护传承与合理利用方面已取得一定成效，但是黎锦产业在文化创意领域还存在深层次挖掘和发展的潜力。从黎锦文创产品自身内部环境看，黎锦类文创产品研发设计思路不够清晰，设计理念单一，产品同质化现象严重；文创产品设计停留于表象，一味地提取黎锦图案元素进行创作，文创商品缺乏创新性。外部环境方面，黎锦文化创意产品研发管理和激励机制落后，资金投入和扶持政策仍显不足；研发机构少、高端设计人才紧缺。这些问题都严重制约了黎锦文化创意产品的可持续性开发与活态传承，亟须研究破解。

一、活态传承显不足

海南省政府与企业长期在人力、物力、财力等方面全力支持黎锦产业发展，使其成为海南非遗瑰宝中最为靓丽的篇章，产生了较好的社会效益和经济效益。黎锦的活态传承重点体现在"活"字，这里的"活"有三层内涵：一是活下去的"活"，黎锦经过十余年的抢救性保护，其传统技艺得以存活；二是活力的"活"，丰富多彩的黎锦展演活动和时装秀，让世人感受到黎锦非遗在传承创新融合中散发的全新活力；三是生活的"活"，非遗既是文化更是生活。实施"合理利用，传承发展"的非遗保护工作方针，其内涵是让传统非遗在保护传承的基础上逐步实现将非遗文化融入当代生活。单从这一点来看，目前黎锦的活态传承氛围较弱，生活化融入程度不够。一方面，政府在黎锦产品转化、再设计研发利用等方面的资金投入力度明显不足；另一方面，

黎锦没能真正走进现实生活中，黎锦产品开发形态单一，且用于服饰的使用功能变弱。首先，表现为黎族年轻人已没有穿着传统黎锦服饰的生活习惯，黎锦服饰逐渐成为黎族人民只在节庆活动、重大典礼时才偶尔穿着的服饰。其次，黎锦传统工艺繁杂、耗时费工，学习黎锦技艺的人群仅占黎族总人口的1.63%，其中绝大多数人只掌握了黎锦的织锦技艺，对纺、染、绣技艺缺乏系统性学习。再次，黎锦本身较高的手工艺价值和收藏价值，使其产品价格偏高，这让大部分消费者望而生畏，阻碍了黎锦市场化、生活化进程。最后，市场中出现大量价格低廉的机织黎锦，对传统手工黎锦的活态化传承构成威胁。

二、产业发展不均衡

　　黎锦的发展需要资金扶持和企业参与，通过政策规划、融合创新、合作发展、品牌营销等手段不断将产业做大做强。目前，海南黎锦产品的艺术、文化、功能等多重价值能够符合现代旅游者的购物需求，但手工黎锦价格昂贵，消费市场规模不大，加之黎锦文创产品开发利用滞后，再设计及创新力不强，导致市面上的黎锦文创产品无法满足大众的消费需求。从总体来看，目前海南省文化创意产品研发和运营的整体水平偏低，海南文创产业表现出企业规模小、产业链不完备、产品的附加值不高等问题。2015年至2019年海南省规模以上文化及相关产业企业创意设计服务营业收入分别为37.94、42.38、38.34、47.53、42.27亿元（注：数据来源于海南省统计局），反映出海南文创产业发展迟缓、持续增长性较差的特征。这一现状势必会制约黎锦产业及相关产业链经济的快速发展。

　　黎锦及相关文创产业发展不均衡还体现在以下两个方面。一是黎锦龙头企业发展迅猛，黎锦合作社与文创公司规模小、发展

缓慢。海南锦绣织贝实业有限公司通过建设黎锦示范基地、展览馆、品牌形象店，签约知名设计师深入研发黎锦面料、黎锦服饰、家居饰品等系列文创产品，逐步成为黎锦行业龙头企业。由非遗传承人创办的黎锦合作社独立运作，缺乏一定的研发能力和销售渠道，产品附加值较低，市场竞争激烈，产业普遍未形成规模。二是黎锦文创产品价格分化明显。市场上一件黎锦现代服饰的售价有万元以上的，而通过黎锦元素开发的纸胶带、手账本、帆布包售价则从几元到几十元不等。黎族织锦类文创产品开发类型少、功能性弱，从而导致商品缺少层次过渡，价格分化相当明显。

三、文创产品研发转化遇瓶颈

文化创意产品从属于文化创意产业的范畴，文创产品研发需要将文化资源以创意的形式进行转化，是将精神文化层面的概念进行物化后形成产品[①]。文创产品的研发既要有文化资源与载体作为创作基础，又要有研发创新能力作为技术支持。海南省旅游商品大赛已连续举办五届，是最能直观反映海南旅游商品整体质量层次与综合水平的平台。从 2016 年至 2020 年，历届大赛中涌现出一批获奖的黎锦文创产品，如《锦绣 PU》包系列、大力神旅行背包、《锦绣海南》帆布休闲包系列、《吉贝花开猿声啼》丝绸系列、《锦绣黎服》丝巾系列、《黎锦七仙》壁挂、黎锦纹样 iPad 保护套系列、《锦香依》黎锦植物染手工裙带系列。这些获奖作品的开发企业较为集中，多为行业龙头企业，其他文创公司与黎锦合作社的参赛商品较少，参与度与获奖率偏低。以 2020 年大赛获奖作品为例，共有 5 件黎锦相关文创产品获奖，其中银

---

①杨慧子.非物质文化遗产与文化创意产品设计[D].北京:中国艺术研究院,2017:1-19.

奖 2 件、铜奖 3 件，获奖占比为 8.3%，获奖数量和比例与前两届基本持平。从海南旅游商品大赛和市场情况来看，当前海南黎锦文创产品研发转化的困难主要反映在载体应用与设计主体两大方面。一是黎锦文创产品多以服饰、丝巾、包包为主，产品类型单一，存在同质化现象，缺乏标新立异的"网红"商品。二是从侧面反映出产品研发设计水平不高，缺乏设计创新力与高端设计主体，发展后劲不足。

第二节 保护传统与活态传承的思辨

当下社会各界对非遗技艺保护传统与开发性传承如何平衡提出了不同看法。学者高媛认为如果非遗只停留于保护传统，不与现代生活发生联系和互动，那就只能成为"死去的文化遗产"[①]。而胡惠林、王媛则提出从"生产性保护"转向"生活性保护"的观点[②]。也有学者指出通过挖掘非物质文化遗产商业价值，促进其商业化和产业化是解决非遗传承问题的根本途径[③]。对非遗的商业开发与保护传承并不是此消彼长的矛盾关系，保护是开发的基础和前提，开发是保护的必要体现，两者各有侧重又相互依存[④]。商业化传承是为了让非遗产业拥有造血机制以实现自身的良性循环，而保护传统非遗看似与商业无关，却能为商业开发提供更具

①高媛.泸州分水油纸伞活态传承之衍生品开发研究[J].艺术品鉴,2018(14):182-183.
②胡惠林,王媛.非物质文化遗产保护:从"生产性保护"转向"生活性保护"[J].艺术百家,2013,29(4):19-25.
③洪琦,费扬,朱铨.基于"非遗"活态传承的永丰农民画主题旅游开发研究[J].农村经济与科技,2019,30(3):92-95.
④阳曼,陈晓明.古村落活态保护与旅游发展思辨[J].商业经济研究,2015(16):140-141.

差异化价值的文化资源，为可持续发展提供持续动力[①]。

　　黎锦等一大批非物质文化遗产由于自身厚重的历史文化积淀和工序繁杂的传统技艺，在现代社会中难以扎根，进而影响非遗文化的传承与发展。国家相关政策及社会各界对于非遗所做的一系列研究与保护措施，初衷不只是保护传统，更是为追求创新求变的传承之路。2017年3月，我国文化部、工业和信息化部、财政部联合推出《中国传统工艺振兴计划》[②]，目的是处理好传统工艺中继承和发展的关系，提升传统工艺的传承和再创造能力。活态传承将黎锦非遗与现代生活相关联，文化资源快速转化，促进黎锦的商业化和市场化。黎锦在进行商业开发后其价值体系得以重新构建，进而从根本上避免非遗落入逐渐被人淡忘的境地。黎锦文创产品的开发动力来自社会变迁所带来的非遗生活使用环境瓦解（即传承土壤的消失），更来自延续民族传统文化的压力。在黎锦活态传承与开发的探索过程中，文创产品的创新不能只停留于简单的表现形式花样上，还应兼顾传统与现代的有机融合，务必做到与时俱进，使产品的外在形态与内在精神高度统一。重点在深挖黎锦与新生代黎族人民的契合点，开发出年轻一代黎族人在生活中愿意使用和喜爱的黎锦产品，这才能谈得上真正的活态传承。

第三节　黎锦文创产品活态传承的原则

　　近年来，文化创意产品热度不减，文创产业的发展进入新的

---

①王齐霜，徐世玉.商业开发背景下非遗技艺的活态传承——以川西羌族刺绣为例[J].攀枝花学院学报.2019,36(6):96-100.

②文化部，工业和信息化部，财政部.中国传统工艺振兴计划[EB/OL].(2017-03-24).http://www.gov.cn/zhengce/content/2017-03/24/content_5180388.htm.

第六章　黎锦文创产品的活态传承与开发

161

高度。"文创＋文物""文创＋非遗"等形式正在创造新的经济形态。非遗以文创产品为载体，通过创意与再设计，以一种新的文化传播途径，逐渐被大众所关注和认可。相比国内其他旅游大省，海南文化创意产品的开发尚处于起步阶段，研发设计水平有限、开发经验不足成为制约黎锦文创产品快速成长的主要瓶颈。本文根据目前海南黎锦文创产品活态传承与开发现状，提出以下 4 个原则。

一、坚守传统技艺原则

黎锦是黎族先民世代流传和使用的传统手工技艺。在活态传承过程中，文创产品的开发须坚守一定的底线和原则，即规避将非遗项目产业化过程中为追求经济效益和利润最大化，而牺牲核心技艺与文化价值的过度开发[①]。黎锦传统技艺是珍贵的世界非物质文化遗产，应从保护技艺内容上保证纺、染、织、绣四大工艺缺一不可；从保护工艺特色上保证锯织、腰机、手工、天然（天然原材料和燃料）黎锦"四宝"样样不少[②]。黎锦文创产品的创新研发须坚守非遗文化的基因，处理好保护与发展的关系；充分发掘黎锦传统技艺的文化元素，促进传统工艺在现代设计情境中的运用，丰富传统技艺的题材和介质，寻求黎锦传统技艺的再生之路；鼓励创新性，同时推广可持续的开发理念，以传统黎锦工艺为基础进行文创产品研发，坚持活态传承，不断诠释其工艺之美、文创之美[③]。

①朱以青.传统技艺的生产保护与生活传承[J].民俗研究，2015(1)：81-87.
②王学萍.愿黎锦文化永远发扬光大[A]// 黎族传统纺染织绣技艺保护与传承国际学术研讨会论文集[C].海口：南方出版社，2014：11.
③吴师彦.非遗传统手工艺文创产品开发路径：以福州脱胎漆器为例[J].南京理工大学学报（社会科学版），2019,32(6)：28-31.

二、传承主体性原则

主体是相对于客体而言的，是指有独立认识和实践能力的个人或群体[1]。黎锦文化的传承主体就是黎族地区的传承人和实践者的广大黎族同胞，他们在日常的生产、生活中不自觉地承担了文化传承者的角色[2]。黎锦传统手工技艺作为以人为核心载体的一种文化，时刻面临着"技在人身，技随人走，人在技在，人息技绝"的处境。在黎锦文创产品开发过程中，设计师与文创机构成为研发主体，担负着文化推广与产品创新的使命。与此同时，黎锦与黎锦文创商品的使用者、广大的民众作为消费主体也同样不可或缺。黎锦非遗如果没有社会大众的参与和支持，仅靠非遗技艺的传承人是很难以活态传承下去的。我们应该清醒地看到，当前许多作为传承主体的黎族年轻人缺乏对黎锦文化的认知，他们更向往外面的世界、现代化的生活，潜意识中对于祖辈所传承的东西缺乏认同感。对黎锦非遗进行文创化、产品化的开发利用，不外乎就是想要扭转这种弱势的"文化逆差"局面，通过活态流变让人们了解黎族文化，让黎人学锦用锦。

三、生活适应性原则

黎锦技艺之所以成为非遗，需要传承与保护，是因为它存在于过去特定的生活环境或区域。在当前时代背景下，黎锦文创产品与文创衍生品则需要以现代审美观对其进行创新，通过活态流变回归现实生活。设计师在开展非遗文创设计时，一定要做贴近实际、贴近生活、贴近群众的市场调研，尊重百姓的生活习惯和情感诉求，了解消费者的消费需求；需要重新审视传统非遗文化，

①费孝通.中华民族多元一体格局[M].北京:中央民族学院出版社,1989.
②李海娥,熊元斌.黎族文化保护与开发:基于国际旅游岛建设的背景[M].海口:南方出版社,2018:109.

第六章 黎锦文创产品的活态传承与开发

审视我们当下的生活，使开发的产品适应社会生活的新变化和现代人使用习惯的新特点。如何才能让黎锦活态传承？应使其融入大众生活，在生活实践中丰富活态保护内涵 —— 只有被消费者所认可、购买、推崇，才是实现其活态传承的最佳途径。

四、可持续开发原则

可持续开发原则源于可持续发展的理念，可持续性开发是在考虑黎锦非遗活态流变与发展过程中的多维度因素，尤其是资源、环境、社会和经济因素的基础上，从事开发实践活动。黎锦文创产品的可持续开发着重研究的是如何在生产过程中确保天然原材料和染料的环保（即资源的可持续）；如何通过财政支持创办技艺 + 文创专题培训班保证传承人的培养（即传承的可持续）；如何结合可持续设计、绿色设计理念使黎锦文创产品具有创新性，以满足人们对文创产品的情感与文化需求（即设计的可持续）；如何拓展年轻化的消费市场，让传统黎锦伴随着市场需求和审美变迁而与时俱进（即市场的可持续）。活态传承是理念亦是实践，黎锦技艺及其文创产品会在传承过程中不断探索、定位、创新，持续拓展黎锦非遗在现代语境中的维度与温度，最终形成适应时代、回归生活、充满活力的文化氛围，推动黎锦传统技艺的活态传承与稳定可持续发展。

第四节 活态传承下黎锦文创产品的开发路径

海南黎族传统纺染织绣技艺是文化创意产品设计的天然素材，将黎族文化和黎锦元素融入文创产品的设计与开发中能更好

地促进其传承及保护。将黎族传统纺织面料打造成知名度高、美誉度好的产品有助于提升品牌效应，吸引更多的人关注海南黎族非物质文化遗产。学界对于非遗文化传承提出的方式主要为利用、转化和创造。期待传统非遗采用全新形式与形态重新融入人民群众生产、生活的环境中，进行活态传承与发展，以此改变过去流于表面的静态传承。活态传承下黎锦文创产品的开发涉及政府、企业、高校、文创机构、传承人等主体，须引导多方社会力量协同发展，提出各方具体的发展思路，有针对性地制定策略加以实施。

一、构建开放的设计生态

现代设计是社会分工的产物。海南个别市县旅文局牵头举办黎锦传承人文创设计培训班，邀请本省服装研究所和省内外高校教师、设计师前往各地黎锦传习所进行服装服饰、箱包等产品的设计与制作培训。此措施丰富了黎锦文创产品的开发路径，但解决不了海南黎锦文创产品开发的实质问题。黎锦文创产品设计需要由专业的设计师团队和文创机构进行创新性的设计才能大放光彩。国内的依文·中国手工坊利用数字化共享平台，让大山里的200多名绣娘借此与国内外企业完成订单合作。来自世界各国的著名品牌和设计师如前 Lanvin（浪凡）设计师阿尔伯·艾尔巴茨、奢侈女鞋品牌 Jimmy Choo（吉米·周）、婚纱品牌桂由美等通过线上数据库平台参与到"中国创意，全球设计"中，开发出众多绚丽多彩的融合性产品。海南黎锦文创产品开发可以尝试"传承人＋设计师"的研发方式，也需要一个更加开放的设计生态和设计平台。当由政府牵头打造这样一个设计服务平台用以网罗更多不同类型的高端设计师和设计团队，形成良好的设计生态；可以自由连接设计方和需求方，开发多样化的文创产品，细分市场和产业链，面向更广阔和开放的国内国际市场。

二、注重深度研发

黎锦文创产品市场缺乏活力与当前的研发思路有很大关系。目前的高端黎锦服饰和低端文创衍生品之间缺乏有效过渡，消费者的购物选择性和体验性较差。来自北京的著名时装高级定制设计师王彬妮女士从 2017 年起与海南黎锦结缘，一直热衷于把黎锦融入现代生活，其新作《黎绣新歌——全家福》系列在 2020年海南黎锦及纹样服饰创新设计征集遴选活动中荣获金奖。当她谈及黎锦服饰的未来时强调："黎锦将来可以走高端定制路线，也可以进一步开拓市场，通过批量化生产降低成本走快销路线，实现高、中、低端产品同步发展。"在海南自由贸易港建设背景下，黎锦文创产品开发应更具有国际视野，通过联合国内外知名品牌和设计工作室进行深度研发，在产品类型上从单一的黎锦产品往服装、饰品、纺织品、箱包、软装陈设品等方向延伸。海南有实力的黎锦企业可以学习泰国 Jim Thompson（汤姆·吉普森）丝业以前的产品研发模式。Jim Thompson 在保留精湛的泰丝手作工艺的基础上，引用先进的科技改良工艺技术问题，引入现代设计为传统的泰式花纹增添时尚的元素，创造出无数经典面料，再进行深度研发，开发出流光溢彩的服装、箱包、丝巾、窗帘、床单、沙发……引领泰国时尚新潮流，风靡全球。

三、实施多元化产业融合发展

跨界融合为黎锦文创产品与其他产业的整合提供了基础。黎锦文创产品作为具有民族文化特色的旅游商品，拥有较高的民族文化价值，还蕴含着极为丰富的旅游经济价值。黎锦文创产品承担着满足旅游者购物需求和传播黎族文化的任务，其开发与经营

可以带动当地的旅游业、服务业、手工业的发展，助力少数民族贫困地区脱贫致富，拓宽黎族非遗的生存空间，推动黎锦的产业化发展。黎锦产品不光可以实现"文旅+"推动文旅产业融合发展，还可以利用投资打造黎锦文化村、黎锦文创产业园区、黎锦产业特色小镇等融合平台，构建文化创意业、会展业、旅游服务业、休闲娱乐业、演艺业、数字文旅业等多元化产业集群。国内以非遗为依托，在锦绣发源地打造集生产、生活、生态于一体的特色小镇已有先例，如苏州镇湖的"苏绣小镇"、湖南沙坪的"湘绣小镇"，从非遗展示、创意文化消费、休闲度假等多种业态对锦绣非遗进行融合拓展，为苏绣、湘绣注入生机，最终实现"非遗+文化"产业的高端集聚。

四、打造强势文创品牌 IP

因共享经济和自媒体的快速发展，文创产品几乎到了"一切皆 IP"的时代，大家都在借助自媒体讲故事，并通过品牌 IP 与网络营销推出大量"网红"文创产品。故宫博物院从 2013 年开始尝试推出文创产品，之后势不可当，逐步成为国内最大文创 IP。仅 2017 年故宫博物院的文创产品营收就达到 15 亿元，其中在网络上大火的故宫口红卖出 90 多万套[1]。国内苏绣和广绣产业化较早，规模也较大，品牌化发展也走在黎锦之前。苏绣品牌有以苏绣为品牌特征的高定礼服品牌"兰玉"、苏绣姚建萍大师的"姚建萍刺绣艺术"、姚兰创立的"姚绣"、仿真绣省级传承人张蕾创立的"一庄"家居品牌等。广绣品牌像"广绣庄""霓裳广绣""绣·唐婕"等相继崛起[2]。相比之下，海南文化创意、设计

---

①张泽炎，朱玥怡.故宫文创 15 亿营收背后：跨界+IP+网红[N].新京报，2019-02-20(B7).

②胡建芳，张静，陈珊.分享经济下刺绣类非物质文化遗产的活态传承[J].服装学报，2020,5(4)：350−357.

服务与相关产业起步较晚，本土知名品牌 IP 较少，除郭凯创立的"锦绣织贝"，大多数企业还处于品牌建设阶段，如陈晓玲创立的"黎潮"、五指山的"百扣"、三亚的"黎族故事"。品牌代表着文化、品位、质量等多种内涵，从长远意义上看，是对非物质文化遗产活态化传承的延展。黎锦文创企业需大力推进品牌建设，提升企业在市场中的知名度和美誉度，通过文创产品品质和品牌价值吸引消费者。未来的黎锦非遗在活态传承的道路上应本着"创新运用，融入生活"的主旨，向文化创意产品借势，在开发内容和形式上顺应新时代社会需求，不断满足人民对美好生活的需要。

第五节 黎锦非遗文创产品的可持续发展

现代社会中的非物质文化遗产面临着一把双刃剑，即保护与发展的尺度以及融合的变化对非遗原真性所产生的影响。对于黎锦的传承与保护，这一问题是现在和将来都要面对的问题。我们应该意识到，古老的黎锦非遗不应该只停留在博物馆的橱窗里，而应该让它出现在人们的生活中，回归大众的视野。应以现代的手段和技术将黎锦非遗融入文创产业，以文创产业的开发思路对黎族传统纺染织绣技艺进行挖掘、整理与开发，使黎锦融入现代生活，进而让更多的社会群体接触和了解黎锦、使用黎锦，这样能有效地解决黎锦传承的问题，也保护了黎锦文化。

可持续发展理论目前在全世界得到广泛认可，在人类赖以生存的地球上，资源并不是取之不尽用之不竭的。提出可持续发展的背景正是从人类社会连续发展的角度出发，提出资源的有限利

用、生态环境和文化资源的保护，以此促进人类社会进入一个良性的循环发展状态。可持续发展最早用以阐述人与自然的和谐发展，随着文明的进步和时代的发展，可持续开发的思想被赋予更加深刻的内涵，运用也更加广泛。文化的多样性使得更多的非物质文化遗产得到关注和保护，它成为促进像黎锦这样的非物质文化遗产可持续发展的重要原因。因此，可以说文化的多样性是可持续发展的推动力①。要想实现黎族传统面料的可持续发展，关键在于提高黎锦在社会文化发展中的地位和生产力水平。黎锦不仅仅是非物质文化遗产，更重要的是它还是一种文化资源，它所产生的社会经济价值也直接影响到自身的可持续发展。这是一个复杂的体系，想要让黎族传统面料实现可持续发展，就要兼顾当前与长远、局部和全局的利益，以一种发展和长远的眼光对待黎锦的保护和开发，抛弃经济利益至上的思维。不能只顾眼前，过度开发，从而造成黎锦非遗文化的衰亡。这其中涉及的可持续发展内涵包括以下 4 个方面。

一、原料的可持续发展

黎族传统面料开发的原材料包括棉、麻以及植物染料等，它们是黎族传统纺染工艺技术的重要原料，缺一不可。要想实现黎族传统面料保护与利用的可持续发展，就应该加强天然原材料、珍稀原材料的保护，处理好海岛棉和天然植物染料等原材料的保护与利用关系，为传承人使用天然原材料、珍稀原材料提供帮助和支持。在 20 世纪，黎族传统纺染织绣技艺面临消失的威胁，一个重要原因是非遗传承人的缺乏，另一个重要原因就是用于纺染的植物原料匮乏。加大对原材料的研究和种植显得尤为关键。

---

①田川流 . 中国文化艺术可持续发展研究 [M]. 济南: 齐鲁书社, 2005:3.

为保证原材料的可持续发展，从 2010 年起，海南省政府加大了对原材料种植基地的投入，在五指山和保亭等地开辟了小规模的种植基地。海南省非物质文化遗产保护中心曾经委托海南大学组织专家就黎锦技艺原材料种植情况进行调研，并邀请海南省农科院帮助试验纺、染植物的培育，包括麻的种植方法以及海岛棉、染料植物的种苗培育。在海南省非物质文化遗产保护中心的指导下，五指山、白沙、东方、乐东和保亭 5 个市县的文化馆各自作出建设大规模原材料种植基地的保护规划。随后，根据 2012 年海南大学《黎锦原料生产基地调研报告》关于原料产量的分析，以最低产量估算，可产海岛棉 4200 千克、麻 5200 千克、蓝靛 2 万千克、姜黄 6.5 万千克[①]。加上其他民族聚居市县和企业种植的原材料，以及省内野生原材料、部分传承人零星种植的原料等，黎锦纺染技艺原料的匮乏情况已得到显著改善，有效地解决了黎族传统面料在开发过程中面临的原料的可持续发展问题。

二、黎族文化传承的可持续发展

文化是民族的标志，保护原生态民族文化，是维护少数民族生存权与发展权的需要。文化的传承需要一定的方法和途径来实现，可持续发展就是文化传承最好的结果。

深化对黎族传统文化的研究可以维护和促进黎族文化主体性的确立。黎族人民在历史的岁月里创造、积累和传承了自己的文化，形成了具有鲜明原始风格和自然特色的黎族传统文化，但是近百年来，在社会形态发生剧烈变化和其他经济较发达文化的强势冲击之下，黎族传统文化的主体性逐渐失落。黎族人对自己的民族文化的认同正在淡化和弱化，文化主体性意识不明显。黎

---

①杨武，刘实葵，邓景华.黎族传统纺染织绣技艺保护实践 [M].海口：南方出版社，2018：225.

锦是黎族文化的灵魂，只有不断地增强黎族人民的文化主体性意识，才能真正实现保护和传承其传统文化的目的。所以说，黎族传统纺染织绣技艺的可持续发展关系到黎族文化的整体发展与历史命运。只有当现实社会中的人们对于黎锦传统技艺发自内心地产生认同感和支持力时，其对黎族传统文化的保护和传承小是真正可持续的、物质和精神指向相一致的，而不会是盲目的或受市场利益所驱动的。

三、非遗传承人的可持续发展

传承人是进行非物质文化遗产传承和保护的主体，是民族文化的传播者和保护者。文化就是需要一代又一代地传承发展，通过传承的坚守，将优秀的文化发扬光大，从而实现可持续发展。黎锦技艺的传承与其他文化遗产一样，具有口传心授性的特征。由于非物质文化遗产多表现为口头传说和表述、表演艺术、社会风俗、手工技能、知识实践等，这些表现形式的传承不能单纯依赖正规教育制度的施行，而必须靠遗产持有者这种活态载体的口传心授来实现。黎锦技艺具有存在形式的活态性的特征，这种活态性的表现关键在于人，对黎锦技艺的保护，需要依靠传承人来实现。传承发展的核心是围绕传承人及其传习活动建立起来的传承保护体系。可以说，没有这些传承人及传承活动，黎锦技艺就会灭亡，只有实现传承人的可持续发展，才能使黎锦技艺得到良好的延续与发展。鼓励和支持传承人在传承传统技艺、坚守传统工艺流程和核心技艺的基础上对技艺有所创新和发展；鼓励传承人带好徒弟，开展传承活动，从而实现非物质文化遗产的薪火相传；鼓励和支持传承人在制作传统题材作品的同时，创作适应当代社会需求的作品，推动传统产品功能转型和审美价值提升。这些正是确保传承人能够实现可持续发展的有效措施。

四、保护路径的可持续发展

　　非物质文化遗产保护的路径呈现出多样性特点，其中既有针对实物的固态保护，也有通过保护传承人所实施的活态保护。从最初的抢救性保护到生产性保护，从数字化保护、整体性保护再到"见人见物见生活"的活态化传承保护，目的就是守护这些传统文化价值。从不同历史阶段对非遗保护的手段来看，这充分说明了中国非遗保护基本理念的不断更新和与时俱进。文化与创意产业的发展与实践为各领域提供了丰富、多样的观察视角和文化传承路径，并结合现代生产力、现代科技手段及文化消费理念成为传统文化的创造性转化和创新性发展的源动力。其中就包括非物质文化遗产的保护、传承和发展[①]。海南黎锦的保护在早期主要贯彻"保护为主、抢救第一、合理利用、传承发展"的方针，通过抢救性保护和数字化保护来完成黎族纺染织绣技艺的最初保护。而后的生产性保护，是通过生成、流通、销售等方式，将非遗及其资源转化为生产力。这种途径不仅能使黎锦传承人获得一定的经济效益，同时也增加社会就业，使传统工艺得以振兴。活态保护指的是生活化保护，这种保护途径注重弘扬非遗的当代价值，使其富有活力，推动非遗进一步融入现代生活。"开发是最好的保护"，这是黎锦企业在近年所提出来的新的保护路径。在进行黎锦非遗保护的道路上，无论选择哪一种路径，都应该切合项目本身的实际情况，不能盲目地追求产业化，盲目地谋求大而快地发展。所以，应该科学合理地制定保护路径，实现非遗项目可持续发展。

---

①欧彩霞.乡村振兴背景下非遗文创产品设计创新研究 [J].中国果树,2022(5):112-113.

第七章
黎族非遗文创产品开发策略

　　非物质文化遗产是一种历史悠久、底蕴丰厚的传统文化。弘扬和保护非物质文化遗产的重要意义就在于其丰富的精神内涵和由此形成的多维价值体系。在"见人见物见生活"、弘扬非遗当代价值、切实加强非遗保护能力建设等理念指导下，我国非遗保护工作稳步推进，社会认同进一步增强。非遗文化正逐渐成为现实社会中的文化新宠。如今，众多国人了解到了非物质文化遗产在其发展和传承过程中所具有的独特价值，并意识到利用这种价值能够创造新的价值。2018 年，全国文化及相关产业增加值为 4.1 万亿元，非遗产业核心层规模突破 1.4 万亿元①。2021 年末，在文化和旅游部第四季度例行新闻发布会上，文化和旅游部非物质文化遗产司副司长胡雁介绍道，截至目前，国家级非遗代表性项目共有 1557 项②。为支持非遗保护传承，中央财政设立了国家非遗保护专项资金，2006 年以来，中央财政累计投入资金 87.9 亿元人民币。"非遗保护和传承"是伟大的文化实践，亦是一项利国利民的文化工程。随着未来智能型知识社会的形成，经济和文化一

---

①西沐 . 中国非遗及其产业发展年度研究报告（2018—2019）[M]. 北京 : 中国经济出版社，2019:57.

②中新社 . 文旅部 : 国家级非遗代表性项目已达 1557 项 [EB/OL]. (2021-06-10), http://news.youth.cn/jsxw/202106/t20210610_13012582.htm.

体化，应该加强跨学科的思考研究，从多维度探讨文化建设、文化体制改革等论题。主流观点通常认为，非物质文化遗产与文化创意产业是一对既统一又对立的矛盾共生体，它们之间的矛盾可以通过融合发展来实现。在此基础上，一些学者开始关注非物质文化遗产元素自身的实用意义，实现其消费价值，研究非遗元素与文化创意相结合的保护模式。可以选择开放式、嵌入式、衍生式、体验式这几种类型的融合模式，从而形成非遗文化产业。再将非遗文化产业与现代社会生产生活方式相结合，进而探究非遗文化旅游文创产品的设计方法及开发路径，实现跨界融合发展。这是当代社会文化背景下非物质文化遗产保护与传承的新途径。

第一节 非遗文创产品促进乡村振兴 与文旅融合发展

我国少数民族非物质文化遗产项目数约占总项目数的1/3。少数民族非遗文化项目保护既具有非遗保护的普遍共性，又带有民族特性。非遗文化象征着一个民族的特征，之所以能在历史长河中延续至今，一定有它独特之处。少数民族地区非物质文化遗产项目的侧重点往往在于其独特的生产生活方式，可以突显民族个性。从非物质文化遗产的角度研究少数民族地区的旅游文创产品，既是满足民族传统文化的传承和保护需求，同时也是时代与社会赋予的使命任务。通过文创产品开发，一方面发扬文化魅力，展现民族文化自信，另一方面整合文化资源，促进文旅融合，发展旅游经济，助力少数民族地区乡村振兴。

一、少数民族地区乡村振兴与非遗文创产品开发

2017 年 10 月 18 日，习近平总书记在十九大报告中提出实施乡村振兴战略。2020 年 12 月 16 日，中共中央、国务院出台了《关于实现巩固拓展脱贫攻坚成果同乡村振兴有效衔接的意见》，指出在打赢脱贫攻坚战、全面建成小康社会后，要在巩固拓展脱贫攻坚成果的基础上，做好乡村振兴这篇大文章，接续推进脱贫地区发展和群众生活改善，巩固拓展脱贫攻坚成果同乡村振兴有效衔接①。中国的经济欠发达地区集中分布在农村，尤其是民族地区，这也是非遗项目最为丰富的地区。非遗文化作为少数民族地区的文化瑰宝，扎根于乡土，为乡村振兴事业提供了种子和土壤。在乡村振兴战略下传承少数民族非遗文化，可以促进和互补。一方面，推动民族地区乡村振兴为少数民族非遗文化的传承保护创造了新机遇；另一方面，传承保护非遗文化也为少数民族地区乡村振兴注入了强大的内生动力②。

在海南以及全国开展的乡村振兴中，"非遗 + 文旅"产业的做法前景广阔，大有作为。如果说在过去的脱贫攻坚阶段，非遗在乡村发展中的重心是经济层面上的消除绝对贫困，那么现在非遗在乡村振兴中将发挥更加全面的作用。非遗的经济脱贫效应并不是非遗价值的全部，非遗的内涵是与人和人群紧密联系的文化权利、文化创造力和文化认同，涉及乡村的文化、经济、社会建设等诸多方面，这和乡村振兴的任务关系密切③。

---

① 新华社.中共中央国务院关于实现巩固拓展脱贫攻坚成果同乡村振兴有效衔接的意见 [EB/OL].(2021-03-22).http://www.xinhuanet.com/politics/zywj/2021-03/22/c_1127241898.htm.

② 张园园.乡村振兴视域下传统民俗文化传承发展存在的问题及对策研究[J].山西农经，2021(22)：176-178.

③ 爱川纪子.政策视角下的非物质文化遗产保护与地方发展[J].唐璐璐，译.民俗研究，2020(1)：30.

自 2018 年以来，文旅部与国务院扶贫办（今国家乡村振兴局）共同指导开展了一系列非遗扶贫措施，包括印发《关于大力振兴贫困地区传统工艺助力精准扶贫的通知》，开始试点"非遗＋扶贫"；印发《关于支持设立非遗扶贫就业工坊的通知》，在全国选取了第一批共 10 个"非遗＋扶贫"重点地区支持建设非遗扶贫就业工坊。2019 年 12 月，文旅部又印发《关于推进非遗扶贫就业工坊建设的通知》，依托传统手工艺类非遗在国家级贫困县全面推进非遗扶贫工作。可以看到，在脱贫攻坚的最后阶段，国家积极出台相关政策，促进非遗保护与乡村经济发展，通过非遗实践带动乡村旅游业发展、增加村民就业、实现村落保护。因此，在取得脱贫胜利以后，持续、积极、有效地利用非遗文化资源巩固脱贫成果，通过非遗实践促进乡村经济、政治、文化、社会和生态文明建设，也成为实施乡村振兴战略的重要方式之一。

非遗不仅是一个新的文化遗产保护对象，更是一个新的文化与社会发展途径。联合国教科文组织指出，非遗"是可持续发展的保证"。2018 年，联合国教科文组织总干事阿祖莱更强调，《保护非物质文化遗产公约》处于遗产和创造力的十字路口，必须在实现可持续发展方面发挥作用。近年来，国家出台和推动实施的非遗保护政策和乡村振兴战略连续带动了海南省发挥独具特色的少数民族非遗旅游文化产业，形成了以"非遗＋旅游""非遗＋产品""非遗＋演艺"为代表的多种发展形式。"槟榔谷""呀诺达""锦绣织贝""三亚千古情"等，涌现出一批在全国具有代表性的项目案例。这些形式的可持续发展将进一步巩固拓展扶贫成果，衔接乡村振兴战略，通过培育乡村产业、推动乡村经济发展、促进乡村文化繁荣，实现当地非遗文化可持续发展。

2022 年 4 月 11 日，习近平总书记来到海南省五指山市水满乡毛纳村考察调研，了解巩固拓展脱贫攻坚成果同乡村振兴有效衔接情况。他察看了当地黎族特色农产品和黎锦、藤编等非物质

文化遗产展示，并勉励大家传承创新发展好少数民族优秀传统文化①。海南黎族拥有着丰富的民族文化资源，海南岛的地理特征让黎族乡民与外界交流较少，形成了千百年来封闭自守的生存环境。随着政府的大力扶持，黎族地区的旅游业得到快速发展，开发黎族文创产品成为发展旅游业的迫切需要。在海南省国民经济和社会发展第十四个五年规划中提道："传承发展海南特色文化……加强琼剧等非物质文化遗产保护、传承和发展……持续办好'海南锦绣世界文化周'……促进文旅体产业融合发展。实施'文化+'行动，坚持以文塑旅、以旅彰文，推动文化旅游深度融合……大力发展海南特色文创产品，打造椰雕、黎锦、黎陶、苗绣等特色文化产业基地。"②在此背景下，文创产品设计要积极探寻地域文化传承与融合的方式、途径，挖掘黎族地域文化资源，融进快速发展的文旅市场中，推动黎族传统文化的创新发展。

"非遗+产品"是非遗通过文化产业途径促进乡村经济发展、实现乡村振兴的另一种重要方式，同时也和"非遗+旅游"有关联。"非遗+产品"的发展方式是通过非遗技艺转化为产品，产品构建产业，产业带动就业从而推动乡村经济发展。黎族文旅产品要想打开市场，除了需要有较好的销售渠道和产品质量外，产品的创新设计也极为重要。文创产品的创意性、艺术性以及趣味性直接影响消费者的购买行为。作为文旅产业的重要组成部分，文创产品设计可以将黎族的非遗文化特色融入其中，利用黎族非遗元素作为现代文创产品的内动力，开发出具有文化性、知识性和实用性的文创商品，拉动投资、生产制造和销售，实现非

---

① 新华社. 黎乡深情话振兴 [EB/OL]. (2022-04-12).http://www.news.cn/politics/leaders/2022-04/12/c_1128554280.htm.

② 海南省发展和改革委员会. 海南省国民经济和社会发展第十四个五年规划和二〇三五年远景目标纲要 [EB/OL]. (2021-01-29).https://www.hainan.gov.cn/hainan/szfldhd/202101/e5e52f6678c74478bea957a1b5dd2280.shtml.

遗与文创产业的"共振对接"，共同致力于当地社会经济的发展。

二、非物质文化遗产与文旅融合发展

旅游是文化消费的重要市场，因此，推动文化和旅游深度融合势在必行。近年来，文化创意产业逐渐成为世界各地最为关注的产业之一，影响了世界上许多国家和地区的经济文化发展，并以独特的形式和运营方式与其他产业产生关联。伴随着文化产业的迅猛发展，文旅产品的设计开发也备受关注和追捧。充分开发非物质文化遗产的文化资源，利用其转化为创意要素，再通过载体设计出非遗文创产品，有利于提高文化核心竞争力，也能赋予非物质文化遗产新的活力。非物质文化遗产本身带有地域和民族特色，以非物质文化遗产为文化内涵的创意，衍生出具有当地特色的文旅产品，是特色文化融入人们日常生活的过程，是影响人们文化情感的方式，能够满足社会精神消费的需求。

非遗具有作为旅游号召性资源的能力，"非遗＋旅游"给旅游业带来了新的体验需求，为非遗传承提供了平台和机遇，两者相互促进。在新形势、新机遇下，非遗文化资源应充分利用其独特性和地域性，更好地与市场结合，走向商品化、产业化，开发出极具差异化优势的文创产品。旅游相关行业也需要深入挖掘非遗的历史文化内涵，与自身旅游业务贴合，满足游客求新求异的体验需求。

近年来，非物质文化遗产项目与旅游的结合不仅增强了游客的文化体验，也为非遗"活"起来开辟了新路径。四川丹巴"古碉"建筑、彝族火把节、藏羌织绣、侗族大歌……在文旅融合的大背景下，旅游与非遗项目的融合让非遗的传承保护更具活力，也赋予旅游更为蓬勃的生命力。"非遗＋旅游"成为当下民族地区最具特色，也是最为有效的非遗促进乡村发展的方式。我国是一

178

个多民族的国家，少数民族非物质文化遗产丰富，少数民族的居住地通常是自然风景优美、非遗元素集中的特色村寨，天然具有开展非遗乡村旅游的独特优势。依托这些少数民族地区，充分开展非遗旅游、民族旅游，反哺少数民族非遗保护。

非遗的传承和创新与文化创意的设计密不可分。一方面，创意为非遗产品打开了一扇窗，文创产品还启发了非遗传承人要拓展、丰富非遗主题及表现形式；另一方面，非物质文化遗产为文创产品设计提供了素材和灵感，只有互相依托，才能开发出适应当代社会需求的文创旅游产品。民族地区的非遗旅游文创产品的开发为少数民族乡村旅游业带来新的发展机遇，拓宽了乡村旅游业的发展空间。因此，将少数民族非遗文化创意产品与乡村旅游相结合，打造"一村一品"，是我国乡村旅游业发展的总体趋势。

第二节 黎族非遗文创产品的开发策略

目前，黎族各类非遗项目生产模式已经发生了较大变化，采取了"合作社＋农户""传承人＋基地""企业＋合作社"等多元化生产和经营模式，使黎族非遗得到了传承和延续。可惜的是并没能建立起良好的非遗开发生态圈，开发路径不明朗，非遗文化产业融合度不够，全社会参与热度没有得到充分提升。针对目前的开发现状和问题，本文提出以下5个方面的开发策略：

一、深挖黎族非遗文化资源，实施"全面"开发策略

海南黎族非遗旅游文创产品的开发不能仅盯着黎锦、黎陶等单一的赛道，那样势必会造成非遗旅游商品市场的萎缩，甚至

是枯竭,也会间接影响其他非遗项目的传承与发展。作为管理主体的政府部门在扶持黎锦文化产业的同时,应该树立全面开发意识,积极引导企业资金流入其他黎族非遗项目的开发,实现黎族非遗文化整体提升。通过深层次挖掘黎族非遗文化资源,将不同的非遗项目进行归类、设计,不断培育市场需求,推进黎族非遗文化创造性转化、创新性发展。全面的开发能够激活全民的创意和设计产品服务消费,能够促进旅游商品市场的繁荣,最终形成良性循环。鼓励传承人和非遗基地开展设计服务外包,将专业的事交给专业的人去做,这是促进全面开发的另一条路径。作为智力主体的文创设计者在进行产品开发设计前,必须深入市场进行调研,以专业的视角审视非遗,提炼黎族非遗的闪光点。从消费者的日常生活需求出发,找准设计载体,设计出既富有创意、文化特质又契合时代潮流前沿、方便携带且深受消费者青睐的非遗文创产品。

二、以 "分类分层" 的思路进行开发

文创产品的开发范式多种多样,针对非遗通常采用跨界融合、创意驱动的方式。但这样的开发思路依然模糊不清,没有具体可借鉴的操作路径。彭黎在《非遗传承与旅游文创产品开发互推策略研究》一文中提出 "分类—定位—设计—运营" 4 步非遗融入旅文产品开发的实现路径。笔者认为这是一套十分科学、操作性较强的旅游文创产品开发实施路径。受其启发,结合海南黎族非遗的自身特点,笔者提出以 "分类分层" 进行旅游文创产品开发的思路。

在海南黎族 28 个省级非遗代表性项目中,具备明显视觉特征,能够直接进行文创产品转化和运用的项目有 11 项,例如黎族传统剪纸艺术、黎族服饰、黎族藤竹编技艺、黎族骨器制作技

艺、黎族原始制陶技艺。此类项目属于传统美术和传统技艺类非遗，支撑着世代黎族人基本生产生活需要，充满着黎族原始的物质生活气息。针对此类黎族非遗的文创产品开发，最好不要剥离非遗产品原有的功能属性，要让其以"活态"传承的方式进行延续。应保留住非遗项目原有的工艺特征，以视觉视角开发具有地方文化特色和纪念价值的非遗旅游文创产品。具备视听特征的项目有 10 项，例如黎族民歌、黎族竹木器乐、黎族打柴舞、黎族面具舞。这些项目主要是传统舞蹈和传统音乐类型。此类文创产品开发要结合表演和演艺的形式来体现，可以通过创作黎族大型歌舞剧来呈现，也可以采用小剧目的形式固定在旅游景点或文化街区进行演出。在传承和保护中，实现"旅游＋非遗""旅游＋演出"等文旅融合的各种实践，打造海南全域旅游新亮点。具备互动体验特征的项目有 7 项，例如黎族传统体育和游艺、黎族钻木取火技艺、黎族传统婚礼、黎族渡水腰舟习俗。这些传统游艺、民俗类的黎族非遗项目可以利用旅游景区、黎族古村落的地域优势，开发互动体验模式的文创旅游项目。互动式体验是最快捷、最直接有效地感受黎族文化的形式之一。它能够利用视觉、触觉、听觉等多维度塑造非遗文化，快速地让受众触及非遗，并带来欢快的体验氛围，从而提高产品附加值。

除了"分类"开发，还可以根据非遗项目的不同特点进行"分层"开发。"分层"开发可以理解为根据游客的需求，开发不同档次和价格的产品。比如针对高端消费和私人定制人群开发具有高艺术水准、工艺精湛、设计感强的非遗文创产品；针对中等消费人群开发价格适中的创意性生活用品、特色儿童文创产品；针对学生和白领人群开发充满趣味和创意的玩具、办公或文具产品。同时，也可以根据开发主体自身优势进行分层，独立设计师可以联合非遗传承人，建立传承人与设计师跨界合作机制，通过技术融合以创新设计为非遗注入新的生命力，从而开发高端文创

产品。海南锦绣织贝实业有限公司所开发的黎锦服饰就是非遗黎锦与独立设计师碰撞出灵感火花后的产物。通过将传统黎锦设计生成为黎锦服饰创新产品，让传统和时尚相结合来契合当代人的审美。文创企业亦可以专注于大众接受的创意产品研发，根据普通游客的需求开发可批量化生产的黎族非遗文创产品。这一类产品具有一定的实用功能，且经济实惠，像市场上出现的黎族竹竿舞皂盒及封口夹、五指山黎族春米舞台灯及调声挂钩、黎锦纹样iPad保护套等都属于这一类产品。

三、准确定位，融入创新思潮

　　通过创新的设计，将黎族文化应用到不同的产品载体中，以崭新的视觉呈现出创意、文化、实用融于一体的文创产品形式。文创设计是文化与设计的融合表现，通过创新的视觉形象来表达地域文化内涵，提升地域文化的传播影响力。文创产品除具备文化性、艺术性之外，还需具备思想性、原创性、创新性的特点。文创产品的核心是创意，这让消费者能够通过文创产品获得不同文化的全新体验感。智研资讯发布的《2020—2026年中国在线旅游行业市场竞争状况及市场发展前景报告》数据显示，80后、90后已成为中国旅游市场消费主力人群，31—40岁的旅游用户占43%，24岁以下旅游人数占18.8%，24—30岁旅游用户占16%，80后、90后旅游人群比例占据旅游人群总数比例的77.8%[①]。这个年龄结构的人群学历较高，大学专科及本科以上超过3/4，他们的审美与兴趣喜好趋向年轻化、时尚化。新一代消费人群对年轻、时尚、新潮、有趣的消费品更为关注。但是，目前海南各大

①智研咨询集团.2020—2026年中国在线旅游行业市场竞争状况及市场发展前景报告[EB/OL].(2019-09-20).http://baogao.chinabaogao.com/lvyou/374907374907.html.

旅游市场所售卖的黎族文创产品，大多数都缺少时尚、新潮文化的融入，难以吸引年轻消费群体。因此，在黎族文创产品设计中融入新潮元素，对提升黎族地区文创产品的趣味性和潮流感极为重要。

可通过促成非遗传承人与设计师、高校研究所的合作，汇集多方设计力量，促进民族地区文创产品研发。非遗项目传承人是非物质文化遗产存在和发展的重要载体，在非遗的传承和保护中有着不可替代的作用。非遗文创产品开发需要充分调动传承人的主观能动性，发挥他们深层探索非遗背后文化内涵和历史性的主体作用，为非物质文化遗产的内涵外化和完整延续奠定基础。同时，面对当前多种文化对非物质文化遗产的冲击，应积极推动非遗传承人与设计师开展多样化合作，整合设计资源，调动各方生产性动力，进一步加强传统文化生成与现代元素融合，促使非遗文创产品打破时代束缚，不断完善和创新。

四、打造"文创 +"产业融合发展模式

黎族非遗旅游文创产品开发需要把非遗文化资源作为生产原料，经过技术、创意理念和产业化结合的方式进行文创产品开发，并与海南旅游市场运行机制接轨，形成完备高效的产业链条，创造出可持续满足文旅消费者需求的旅游商品[1]。因此，开发者不能将自身锁定在非遗文化产业中，而应当跳出文化产业的圈子，通过"文创 + 旅游""文创 + 科技""文创 + 体验"等产业融合的方法，相应地创新策略，采用"非遗 + 文创设计 + 产业链 + 运营"的整合创新商业模式，构建起完整的文创产品协同创新体系。

---

①王颖, 张维亚. 基于非遗视角的骆山大龙文创产品开发策略 [J]. 商业经济, 2020(7): 85–86.

长期以来，海南黎族非遗文创产品转化难、销售难问题的根本原因，除了本省自身创意产业弱、创意研发能力弱以外，实际上海南的旅游产业也不强。2020 年 3 月，海南省人民政府印发了《海南省旅游业疫后重振计划 —— 振兴旅游业三十条行动措施（2020—2021 年）》[①]。计划中谈到要深入推进"旅游+"，促进产业高度融合，并提出了积极挖掘本土文化元素、加大文创产品转化等具体措施。此政策的发布对于海南的文旅产业融合发展十分有利。海南文旅产业融合的初期，表现突出的问题是对本土丰富的文化资源挖掘深度不够、文旅产业结合不足。就这一问题，在海南省政协第七届委员会第三次会议上，政协委员李赛美专门撰写了一篇名为《关于推动我省文化与旅游结合，提升文化旅游消费水平的建议》的提案。海南省旅游和文化广电体育厅在针对提案内容的回复中强调，文化创意与旅游产业的发展应该做到同频共振，通过不断丰富本土文化内涵，用文化创意提升旅游品质，用旅游带动文化创意产业的快速发展，共同提升文化创意产业与旅游产业的核心竞争力[②]。文创产业人要将文化创意融入旅游市场形成产业化链条，才能把经济效益与社会效益相结合，促进可持续发展，实现两大产业的共赢。

海南非遗文旅产品的开发还要坚持走出去，面向国际去学习"开放式"、体验"人性化"、实现"情感互动"等众多创新的文旅模式。在黎族非遗文创产品上，开启"文创＋科技""文创＋体验"的开发模式探索，例如使用非遗开发的文化数字化植入模式来实现文化内容实时互动式体验。利用好5G（第五代移动通信

---

①海南省人民政府.海南省人民政府关于印发海南省旅游业疫后重振计划——振兴旅游业三十条行动措施（2020—2021 年）的通知[EB/OL].（2020-03-23）.http://www.hainan.gov.cn/hainan/szfwj/202003/49c55a882e0e4705820248c85a36ece5.shtml.

②李赛美.关于推动我省文化与旅游结合，提升文化旅游消费水平的建议[EB/OL].（2020-6-09）.http://www.hainan.gov.cn/zxtadata-10348.html.

技术）与VR（虚拟现实）技术，通过人机交互，力争为旅客提供打动人心的文化创新产品，增强非遗文化的现代感。非遗文化传承应巧借时代新风，未来可通过科技加持文创产业，通过技术性融合，为受众带来更新颖更多维的文化体验。

五、重视品牌建设与产品营销

创意经济的价值，按照约翰·霍金斯的总结应当是：创意经济 (CE) 等于创意产品的价值 (CP) 与交易次数 (T) 的乘积，即 CE=CP×T。这就意味着文创企业想要获得巨大的经济效益，就必须依靠大量订单来增收。订单从哪里来？除了文创产品本身的质量和品质要上得去，还需要讲好海南故事，着重树立"海南品牌"。过去很长一段时间，从海南省政府部门到绝大多数企业都将精力投放在非遗文化的保护与传承、非遗文创产品的研发上，无暇顾及品牌的知名度和美誉度。这导致知名品牌屈指可数，很多旅游商品没有品牌，有些企业的文创产品投放市场后甚至连商标和包装都没有，缺少品牌建设及品牌营销意识。

时下政府部门应当着力推动非遗文化和文创企业宣传，以海南礼物和海南旅游商品为导向，打造本土文创品牌，积极培育文创市场。多举办类似海南锦绣世界文化周这样的活动，以黎族非遗文化为核心，通过展、秀、论坛相结合的多种形式提升海南非遗各大项目的知名度、影响力和美誉度。不断引导海南黎族非遗文化产业向品牌化、国际化和市场化方向迈进。围绕海南黎族各大非遗项目，结合"文化和自然遗产日"活动开展非遗技艺展示、非遗购物、非遗文创节等主题活动。通过线上体验与线下消费相结合、传统技艺与现代元素相结合、文化传播与文化消费相结合的方式，立足品牌、文化、创新、传承视角，全方位呈现非遗文化根脉与现代时尚。通力打造"非遗 + 旅游 + 电商"的新型消费

链条，充分利用共享经济与自媒体时代优势，打造海南强势非遗文创品牌IP，逐渐形成可持续发展的非遗传承新模式。

2021年海南省旅游和文化广电体育厅牵头各单位为非遗品牌营销做了很好的引领和示范，将来，非遗创业个体、文创企业应当深度洞察客户需求，认真研究如何运用网络营销扩大产品销售，创新经营服务模式，利用网络众筹、直播带货、建快闪店、VR虚拟体验等多种方式扩大销售，打破文创产品销售行业同质化局面。通过全民参与、全民共享模式，不断地做到产品的更新迭代和精细化运营，持续提升服务力，探索黎族非遗文创产品发展的新方向。

除此之外，海南非遗旅游文创还应该注重深度产品研发，引进高端设计主体和全球知名品牌，通过深度合作共同开发高端文创产品。同时，依靠海南地方高校培养本土创新设计人才，在教育教学中依托产教融合与项目式伴随教学，将非遗文创项目引入课题实践中，所输出的优秀作品可通过校企合作直接转化为旅游商品。

研究总结

　　文化保护的最大悲哀莫过于被保护者仅仅成为博物馆的陈列品。任何一种文化都应该为社会所用、所需要,有其自身的社会价值和社会归宿。对非遗文化进行文创化、产品化不外乎就是想要扭转这种弱势的"文化逆差"局面。"十四五"时期,非遗文化助力乡村振兴依然面临诸多难题需要解决。实施乡村振兴战略为民族地区非遗文化的传承和发展提供了新机遇,少数民族非遗文化的传承创新也为民族地区乡村发展提供了内在驱动。非遗文创产品开发是一项庞大的系统工程,涉及产业、市场、行政、法律法规等方方面面。当前,海南自由贸易港建设仍在初期,黎族非遗文创产业或迎来重大发展契机,应促进现代设计理念与传统技艺、传统民俗相融合,厘清产品开发思路,培育市场需求,推动黎族非遗文创产品发展与创新,以期创造并实现黎族非遗文创产品价值,最终让黎族非遗文化真正"活"起来,迸发出更强的生命力。

　　在针对黎锦和文创产品进行的调查研究中发现,黎锦技艺作为世界级非遗,在传承保护与合理利用方面取得了一定成效,但黎锦仍然没有能够真正走进人们的现实生活中。首先,表现为黎族年轻人平时已没有穿着黎族传统面料服饰的生活习惯。其次,黎锦传统工艺繁杂、耗时费工,学习黎族传统面料生产技艺的人群仅占黎族总人口的1.63%。最后,黎锦本身较高的手工艺价值

和收藏价值，使其产品价格偏高，这让大部分消费者望而生畏，阻碍了黎锦市场化、生活化进程。

那么，如何能够让黎族非物质文化遗产"活起来"？

海南黎族非物质文化遗产需要传承和发展，政府部门、合作社、非物质文化遗产传承人应当共同合作，在传承过程中不断探索、创新，持续拓展黎族非遗在现代语境中的维度与温度，最终形成适应时代、回归生活、充满活力的文化氛围，推动黎族传统技艺的传承与可持续发展。特别是黎族传统面料在生产过程中要确保原材料天然环保；黎锦的制作应伴随着市场需求和审美变迁而与时俱进；坚持绿色设计理念使黎锦文创产品具有创新性，以满足人们对文创产品的情感与文化需求。

通过对黎族传统面料中的图案艺术进行研究，可知黎锦面料上的图案艺术汇聚了黎族的民族精神文化和审美文化，人们对黎族图案艺术特征的认识和解读是理解、传播和保护黎族传统文化和黎锦非遗技艺本身的途径。因此，利用好黎锦图案进行艺术创作和文创产品设计不失为非遗文化活态传承的有效方法。黎锦图案与文创产品结合是黎族传统文化发展的一个重要方向，对黎族传统面料文化的传承发展具有可持续意义。

消费者购买以黎锦为题材创作的文创产品，可以逐步加深对海南本土黎族文化的认识。在参观黎族风情景区的过程中，很多游客可能会忽略对文化的理解。文创产品是在了解当地文化特色的基础上进行的二次设计，让游客在参观旅游景点的同时，加深对黎族文化的了解。文创产品是文化的衍生物，游客对文创产品的解读又赋予了文化新的意义。

在研究中，笔者发现，黎锦技艺作为一种世界级的非物质文化遗产，在继承、保护和合理利用方面取得了一定的效果。就黎锦而言，非物质文化遗产保护的法律制度在逐步完善；政府的资金和来自私营企业的投资都逐年增加；黎锦传承人的数量一直在增加；传统黎锦面料的文化创意产品种类也有所增加。然而，从海南黎族传统面料发展而来的这些文化产品及其市场的研究成果来看，文化产品和创意产品的研发设计理念依然单调乏味；也存在严重的产品同质性问题；文化创意产品的设计停留在表面，文化产品和创意产品的创造缺乏创新。笔者认为，海南黎锦文化创意产品发展转型中存在的问题和困难，主要是缺乏清晰的方向造成的。总的来说，本研究的访谈、产品观察和分析已经产生了有效的结果和建议。这些研究为黎锦文化创意产品的进一步研发提供了理论支持和数据支持。

与其他研究一样，这项研究也有一定的局限性。一个限制是，这项研究是在有限的时间段内进行的，加上这个时间段全球新冠疫情严重，海南的旅游业也受到了一定的冲击，有一些黎锦合作社和文创产品商店受到游客减少的影响，进而收入也受到了一定的限制，无法反映出正常的销售量和价格。另一个限制是，这项研究只关注最近的利益相关者的观点，包括传承人、游客和合作社的店主。这样的设定是故意的选择，以便集中那些受黎族传统纺织面料的发展带来影响最大的人的观点。仍然居住在黎族少数民族地区的村民和传承人的声音尤为重要，但由于研究人员自己的语言限制（黎语和海南地方方言），沟通受到一定阻碍。在研究中后期，笔者发现黎族非遗中还有很多重要的内容有待深入挖掘，如黎族传统纺织布料的材料升级、黎锦生产工艺的改进、非遗文创产品的创新设计。此次研究对上述问题还没有取得一定的结果，今后仍有待进一步研究。

主要参考文献

[1] 陈佩 . 黎族传统纺染织绣技艺保护与传承国际学术研讨会论文集 [M]. 海口：南方出版社，2014.

[2] 陈江 . 海南文物基础鉴定系列：黎锦 [M]. 北京：科学出版社，2016.

[3] 张红梅 . 海南黎族传统手工艺文化 [M]. 海口：南方出版社，2020.

[4] 刘超强，达瑟 . 黎锦织造工艺 [M]. 北京：中国纺织出版社，2007.

[5] 王晨，林开耀 . 中华锦绣丛书：黎锦 [M]. 苏州：苏州大学出版社，2011.

[6] 陈玉林 . 五彩霓裳织锦瑰宝：海南黎族传统服饰精品图录 [M]. 海口：南方出版社，2018.

[7] 王学萍 . 琼岛守望者：黎族 [M]. 上海：上海文化出版社，2017.

[8] 孙海兰 . 符号与记忆：黎族织锦文化研究：基于国际旅游岛建设的背景 [M]. 上海：上海大学出版社，2012.

[9] 李海娥，熊元斌 . 黎族文化保护与开发：基于国际旅游岛建设的背景 [M]. 海口：南方出版社，2018.

[10] 白庆祥，李宇红 . 文化创意学 [M]. 北京：中国经济出版社，2010.

[11] 陈玉岗，庄耀辉，施升昌，等 . 创意思考与训练 [M]. 新北：松根出版社，2012.

[12] 白远. 中国文化创意产业发展与产品内外需求 [M]. 北京: 经济管理出版社, 2016.

[13] 南振兴, 陈红英, 于向阳, 等. 文化创意产业的知识产权保护研究 [M]. 北京: 知识产权出版社, 2015.

[14] 崔瑜. 文化创意产业发展研究: 基于文化根植的视角 [M]. 北京: 经济管理出版社, 2019.

[15] 林明华, 杨永忠. 创意产品开发模式: 以文化创意助推中国创造 [M]. 北京: 经济管理出版社, 2014.

[16] 钟蕾, 李杨. 文化创意与旅游产品设计 [M]. 北京: 中国建筑工业出版社, 2015.

[17] 王俊涛. 文创开发与设计 [M]. 北京: 中国轻工业出版社, 2019.

[18] 陈凌云. 博物馆文化创意产品开发研究 [M]. 上海: 上海社会科学院出版社, 2019.

[19] 张颖娉. 文化创意产品设计及案例 [M]. 北京: 化学工业出版社, 2020.

[20] 姚湘, 胡鸿雁. 文化创意产品设计 [M]. 北京: 北京大学出版社, 2020.

[21] 周承君, 何章强. 文创产品设计 [M]. 北京: 化学工业出版社, 2019.

[22] 隋丽娜. 关中非物质文化遗产研究: 文化生态学视角 [M]. 天津: 南开大学出版社, 2014.

[23] 王文章. 非物质文化遗产概论 [M]. 北京: 文化艺术出版社, 2006.

[24] 满珂. 非物质文化遗产: 变迁·传承·发展 [M]. 北京: 科学出版社, 2019.

[25] 叶鹏. 中国非物质文化遗产保护机制研究: 基于文化与科技融合视角 [M]. 北京: 中国社会科学出版社, 2016.

[26] 张兆林. 非物质文化遗产保护领域社会力量研究 [M]. 北京: 中国社会科学出版社, 2017.

[27] 刘锡诚. 非物质文化遗产保护的中国道路 [M]. 北京: 文化艺术

出版社, 2016.

[28] 杨红. 非物质文化遗产：从传承到传播 [M]. 北京：清华大学出版社, 2019.

[29] 杨红. 非物质文化遗产数字化研究 [M]. 北京：社会科学文献出版社, 2014.

[30] 王丹. 中国少数民族非物质文化遗产传承与发展研究 [M]. 北京：中央民族大学出版社, 2019.

[31] 张魏. 云南少数民族非物质文化遗产保护与开发研究 [M]. 北京：商务印书馆, 2019.

[32] 马振. 非物质文化遗产的旅游生产性场域研究 [M]. 北京：九州出版社, 2018.

[33] 雒庆娇. 甘肃省少数民族非物质文化遗产保护研究 [M]. 北京：商务印书馆, 2015.

[34] 程佳. 河北非物质文化遗产传统手工技艺传承与发展[M]. 北京：化学工业出版社, 2020.

[35] 黄正泉. 文化生态学 [M]. 北京：中国社会科学出版社, 2015.

[36] 吴南. 中国传统手工艺术活态传承机制研究 [M]. 北京：中国纺织出版社, 2020.

[37] 曾梦宇, 胡艳丽. 少数民族非物质文化遗产活态传承研究：以黔东南苗族侗族自治州为例 [M]. 成都：四川大学出版社, 2020.

[38] 姚文凭. 湘西南少数民族非物质文化遗产及活态传承 [M]. 青岛：中国海洋大学出版社, 2019.

[39] 汤姆·拉斯. 可持续性与设计伦理 [M]. 徐春美, 译. 重庆：重庆大学出版社, 2016.

[40] 田川流. 中国文化艺术可持续发展研究 [M]. 济南：齐鲁书社, 2005.

[41] 牛文元. 2015世界可持续发展年度报告 [M]. 北京：科学出版社, 2015.

[42] 李永峰. 中国可持续发展概论 [M]. 北京：化学工业出版社, 2014.

[43] 田建华.松辽区域文化可持续发展研究 [M].北京:知识产权出版社,2019.

[44] 斯图尔特·沃克.可持续性设计:物质世界的根本性变革 [M].张慧琴,马誉铭,译.北京:中国纺织出版社,2019.

[45] 王立端.基于可持续发展的中国绿色设计体系构建 [M].北京:北京大学出版社,2020.

[46] 陈斌.旅游商品大视野 [M].北京:中国旅游出版社,2017.

[47] 厉无畏.创意产业导论 [M].上海:学林出版社,2006.

[48] 吴存东,吴琼.文化创意产业概论 [M].北京:中国经济出版社,2010.

[49] 徐艺乙,邓景华.黎族传统纺染织绣技艺:来自田野的研究报告 [M].海口:海南出版社,2017.

[50] 吉明江.东方·黎族文化瑰宝 [M].海口:海南出版社,2013.

[51] 钱穆.民族与文化 [M].北京:九州出版社,2012.

[52] 费孝通.中华民族多元一体格局 [M].北京:中央民族学院出版社,1989.

[53] 杨武.黎族传统纺染织绣技艺保护实践 [M].海口:南方出版社,2018.

[54] 西沐.中国非遗及其产业发展年度研究报告(2018—2019)[M].北京:中国经济出版社,2019.

附　录

关于海南旅游文创产品的调查问卷

您好！非常感谢您抽出宝贵的时间来填写这份问卷。

目前我正在进行海南旅游文创产品的相关的社会调研，希望通过调查了解目前海南文创产品的市场与消费相关情况。希望您能抽出一两分钟时间耐心填写这份问卷，我们将会对您的回答完全保密。非常感谢您的配合与支持！

1. 您的年龄段是：

☐ 00 后

☐ 90 后

☐ 80 后

☐ 70 后

☐ 60 后及以上

2. 您的现时职业是：

☐ 学生

☐ 工人

☐ 白领

☐ 自由工作者

3. 您之前是否购买过文化创意产品或旅游纪念品：

□ 有

□ 没有

4. 通常购买旅游文创产品的动机是什么：

□ 外观设计上有吸引力

□ 价格合适

□ 有纪念意义、收藏价值

□ 代表地方特色和文化底蕴

□ 有实际的用途

5. 以下哪个范围的旅游文创产品的价格您比较能接受：

□ 50 元以内

□ 50—100 元

□ 100—300 元

□ 300 元以上

6. 您通常会在哪里购买旅游纪念品：

□ 商业街

□ 旅游景点纪念品专卖店

□ 机场或者码头销售点

□ 百货商场

7. 您旅游时购买旅游商品更偏重考虑以下哪种特点：

□ 实用性

□ 体现地域特色

□ 有收藏价值

□ 个性时尚

□ 有创意

8. 在海南您会购买以下哪一类的旅游商品：

□ 手工艺术品

□ 具有海南地域特色的旅游纪念品

□ 海南黎族非遗文创类产品

☐ 进口免税商品

☐ 其他

9. 您对海南黎族的旅游文创产品是否感兴趣：

☐ 是

☐ 否

10. 您认为目前海南的文创产品有什么不足之处：

☐ 种类不齐全

☐ 缺乏地域特色

☐ 款式不新颖不时尚

☐ 缺乏创意设计

☐ 其他

11. 您偏爱哪种文创产品呢：

☐ 文具类

☐ 创意特色类

☐ 工艺品类

☐ 日常生活用品类

☐ 服饰类

☐ 收藏纪念类

12. 您对海南文创类旅游产品有什么要求（可多选）：

☐ 有一定的收藏价值

☐ 产品质量过关

☐ 产品价格适中

☐ 有一定的实用功能

☐ 具有相对浓厚的文化特色

☐ 具有相对的潮流风格

☐ 其他

13. 对于海南地方特色文创产品您还有何建议呢：

关于海南黎锦产品的调查问卷

您好！非常感谢您抽出宝贵的时间来填写这份问卷。

黎锦是海南岛黎族的民间织锦，它的历史超过3000年，具有制作精巧、色彩鲜艳的特点，是黎族文化最重要的标志，也是中国纺织史上的"活化石"，被列入世界非物质文化遗产。在民间，它既是黎族同胞日常穿着的衣物，也是一种精美的艺术品。

为进一步促进黎锦文创产品的开发，特做此问卷。

1. 您的民族？

☐ 黎族

☐ 汉族

☐ 其他民族

2. 您的身份是？

☐ 海南居民

☐ 省外游客

☐ 外国游客

3. 您对海南黎锦的了解程度是？

☐ 非常了解

☐ 一般性了解

☐ 完全不了解（选择此选项跳转至第7题）

4. 如果价格合适，您是否会购买黎锦作为礼物或纪念品？

☐ 会（选择此选项请跳转至第5题）

☐ 不会（选择此选项请跳转至第6题）

5. 如果购买黎锦，您主要考虑的因素是？[多选题]

☐ 价格合适

☐ 纪念价值

☐ 实用价值

☐ 设计制作精美

☐ 具有鲜明民族特色

□ 保护民族传统工艺

6. 您不购买黎锦的原因是？[多选题]

□ 了解不多不会尝试

□ 觉得没有实用价值

□ 价格上没有吸引力

□ 其他

7. 黎锦在中国纺织史上有"活化石"之称，具有很高的价值，其系列产品中，您会更喜欢哪些？[多选题]

□ 服饰

□ 包包

□ 室内装饰品

□ 随身小挂饰

□ 礼品

8. 黎锦上内涵丰富的各种图案，您会更喜欢哪些？[多选题]

□ 人物

□ 动物

□ 植物

□ 山水

□ 吉祥物

□ 日常生活

□ 几何

□ 文字

9. 黎锦拥有诸多风格，您更喜欢哪些？[多选题]

□ 民族风格

□ 新颖时尚

□ 高档典雅

□ 简约大方

□ 其他

10. 黎锦的传统制作工艺几乎失传，您认为这项技术有必要传承下去吗？

　　☐ 很有必要

　　☐ 无所谓

　　☐ 没有必要

11. 您认为目前的黎锦产品有必要转化为黎锦文创产品吗？

　　☐ 很有必要

　　☐ 无所谓

　　☐ 没有必要

12. 您觉得像黎锦这样的传统民族工艺的价值是？[多选题]

　　☐ 代表传统文化，具有文化价值

　　☐ 形式内涵特别，具有美学价值

　　☐ 潜在市场商机，具有商业价值

　　☐ 传统发挥新用，具有使用价值

　　☐ 没有什么太大价值

13. 您认为是什么因素阻碍了黎锦的传承与发展？[多选题]

　　☐ 传统工艺与时代不适应

　　☐ 民间流传的局限性很大

　　☐ 政府保护支持力度不够

　　☐ 人们工艺保护意识淡薄

　　☐ 传统黎锦不符合现代人的审美需求

14. 您认为如何才能让黎锦得到更好的传承与发展？[多选题]

　　☐ 建设黎锦文化品牌

　　☐ 让黎锦进入学校课堂

　　☐ 保护和扩大黎锦艺人队伍

　　☐ 在黎族村赛或文化点参观实践

　　☐ 将黎锦通过产品创意设计融入现代生活

　　☐ 出版宣传黎锦工艺相关书籍